narr **STARTER**

Sascha Michel

# Morphologie

narr\f
ranck
e\atte
mpto

Bibliografische Information der Deutschen Nationalbibliothek
Die Deutsche Nationalbibliothek verzeichnet diese Publikation in der Deutschen Nationalbibliografie; detaillierte bibliografische Daten sind im Internet über http://dnb.dnb.de abrufbar.

Zusatzmaterial zum Buch online unter
http://meta.narr.de/9783823381457/Zusatzmaterial.zip



Internet: www.narr.de
eMail: info@narr.de

Satz: typoscript GmbH, Walddorfhäslach
CPI books GmbH, Leck

ISSN 2509-6036
ISBN 978-3-8233-8145-7 (Print)
ISBN 978-3-8233-9145-6 (ePDF)

# Inhalt

Lösungsvorschläge zu den Aufgaben unter
http://meta.narr.de/9783823381457/Zusatzmaterial.zip

# Vorwort

Die Grammatik, also der ‚Bauplan' einer Sprache, ist das am intensivsten erforschte Gebiet der Linguistik und blickt auf eine Jahrhunderte lange Tradition zurück. Allein die deutsche Grammatik füllt ganze Bände und ist in ihrer Fülle und Komplexität kaum zu überschauen.

Ein Starter, der sich an Studienanfänger*innen richtet, kann demnach nicht einmal annähernd alle Bereiche abdecken, geschweige denn erschöpfend behandeln, auch wenn er sich ‚nur' mit der Morphologie, also einem (wenn auch wichtigen) Teilbereich der Grammatik (neben der Syntax), befasst.

Das Ziel dieses Starters soll es deshalb sein, Studienanfänger*innen mit den Grundzügen der Morphologie vertraut zu machen. Wir greifen dazu einige Einzelphänomene heraus, während wir andere lediglich erwähnen oder streifen. Im ersten Teil werden zentrale Grundbegriffe und Analysemethoden diskutiert, bevor mit den Wortarten und der Flexion zwei Teilbereiche der Morphologie präsentiert werden, die den meisten Leser*innen von der Schulgrammatik her vertraut sind bzw. sein sollten.

Die Wortbildung dürfte vielen Studienanfänger*innen dagegen neu sein. Wir wollen uns hier anschauen, wie komplexe Wörter im Deutschen gebildet werden, auf welche Einheiten dabei zurückgegriffen wird und wie diese systematisch bzw. musterhaft kombiniert werden.

Die dann folgenden zwei Kapitel sollen schlaglichtartig in weiterführende Bereiche und Themen der wissenschaftlichen Erforschung von Morphologie einführen. Es geht dabei zum einen um die Abgrenzung zwischen Flexion und Derivation und zum anderen um die Herausbildung und Veränderung morphologischer Strukturen und Einheiten, die Grammatikalisierung.

Wer weitergehende Informationen wünscht, findet Hinweise auf Gesamtdarstellungen und umfassende Einführungen in den jeweiligen Kapiteln sowie eine ausführlichere Darstellung der Flexion (Kap. 4) im Onlinematerial zu diesem Buch.

Der Starter beginnt mit einem Überblick über die Teilgebiete der Morphologie. Dieser Überblick soll Ihnen anhand wichtiger Begriffe und Schlagwörter einerseits einen ersten Eindruck vermitteln, womit sich die Morphologie (und damit der Starter) beschäftigt und wie sie sich (sub-)klassifizieren lässt, andererseits sollen die Zusammenhänge zwischen den einzelnen Kategorien veranschaulicht werden.

Ich möchte mich ganz herzlich bedanken bei Hilke Elsen und Alexander Ziem für zahlreiche Korrektur- und Verbesserungsvorschläge. Bei Valeska Lembke vom Narr Verlag möchte ich mich ganz besonders für ihre Geduld, akribische Arbeit und stets freundliche Atmosphäre bedanken. Inhaltliche Fehler gehen allein auf mein Konto.

Köln, im Juni 2020
Sascha Michel

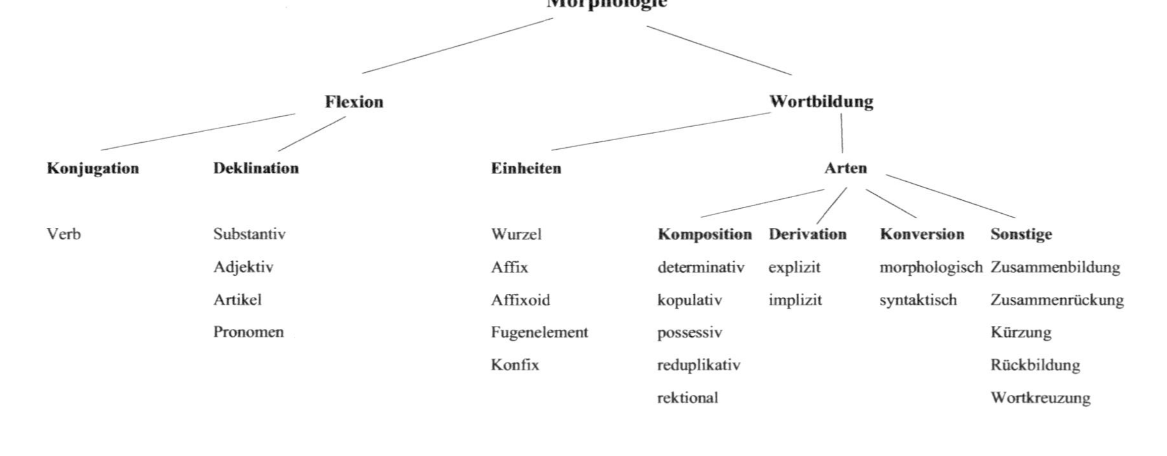
Morphologie
Flexion
Wortbildung
Konjugation
Deklination
Einheiten
Arten
Verb
Substantiv
Adjektiv
Artikel
Pronomen
Wurzel
Affix
Affixoid
Fugenelement
Konfix
Komposition
determinativ
kopulativ
possessiv
reduplikativ
rektional
Derivation
explizit
implizit
Konversion
morphologisch
syntaktisch
Sonstige
Zusammenbildung
Zusammenrückung
Kürzung
Rückbildung
Wortkreuzung

# 1 Grundlagen: Begriffe, Basiseinheiten, Methoden

## 1.1 Vom Morph zum Morphem

Die **Morphologie** ist die Lehre von der Gestalt und Form (altgriech. *morphé* = ‚Gestalt', ‚Form') von Wörtern. Ähnlich wie beim Satz und Text (vgl. Greule 2017) geht es hierbei – vereinfacht gesagt – um ein ‚Baukastenprinzip', bei dem Regeln und Muster angewandt werden, um (neue) Wörter zu bilden bzw. sie morpho-syntaktisch ‚passend' zu machen. Die wichtigsten Bausteine lernen wir in diesem Kapitel kennen.

Die Grundeinheit, mit der sich Wörter ‚formen' und ‚gestalten' lassen, ist das Morphem.

> Unter **Morphem** versteht man in der Linguistik die kleinste bedeutungstragende Einheit einer Sprache, die bereits semantisch und/oder funktional klassifiziert ist. (Noch) Nicht klassifizierte bedeutungstragende Einheiten nennen wir **Morphe**.

Morpheme werden in geschweiften Klammern und kleingeschrieben, Morphe dagegen in eckigen Klammern.

Das Morphem wird gerne mit dem Phonem als die kleinste bedeutungsunterscheidende Einheit verwechselt. Phoneme sind genau wie Silben Gegenstand der Phonologie. Zwischen Morphologie und Phonologie gibt es große Unterschiede, was sich beispielsweise daran zeigt, dass Morphem- und Silbengrenzen nicht übereinstimmen müssen: vgl. die Morphemgrenze *Häus-er* vs. die Silbengrenze *Häu.ser*.

Die Bedeutungen bzw. Funktionen von Morphemen reichen von relativ abstrakten grammatischen Funktionen bis hin zu Wörtern mit ausgeprägter begrifflich-lexikalischer Bedeutung. So besteht das morphologisch komplexe Wort *Prüfungen* aus drei Morphemen: 1. das lexikalische Morphem {prüf}, 2. das Ableitungsmorphem {-ung} und 3. das grammatische Morphem {-en} zur Pluralbildung. Hier sind wir schon einen Schritt weiter, als wir eigentlich sein sollten, denn vor der **Klassifizierung zu Morphemen** steht die **Segmentierung in Morphe**. Das heißt, bevor wir ihnen konkrete Funktionen und Bedeutungen zuschreiben, müssen wir Morphe als solche identifizieren. Dies klingt trivial, aber das folgende Beispiel zeigt, wie wichtig es ist, Wörter zunächst in Morphe, also noch nicht näher klassifizierte morphologische Einheiten, zu zerlegen: Das komplexe Wort *Liebesbrief* besteht aus drei Morphen: 1. [liebe], 2. [-s-] und 3. [brief]. Allerdings lässt sich nur in zweien der Fälle auch von Morphemen sprechen: *Liebe* und *Brief* bilden freie Lexeme, also Wörter, und sind als Morpheme somit unproblematisch. Problematischer dagegen erweist sich das Morph [-s-], da es hier augenscheinlich weder den Genitiv von *Liebe* (korrekt: *der Liebe*) noch den Plural markiert, aber ausdrucksseitig einem Flexionssuffix ähnelt. Von daher muss es als nicht näher klassifizierbares Morph betrachtet werden und wir werden später feststellen, dass solche Fugenelemente diachron (sprachgeschichtlich) häufig tatsächlich aus ehemaligen Flexionssuffixen hervorgegangen sind, synchron in der Gegenwartssprache inzwischen aber ganz andere Funktionen erfüllen (vgl. 5.1).

Wir haben am Beispiel von *Prüfungen* schon gesehen, dass es Morphe gibt, die funktional als Pluralmorphem zu klassifizieren sind. Nun gibt es im Deutschen zahlreiche Möglichkeiten, den Plural flexivisch auszudrücken, wie die folgende Übersicht zeigt:

| Pluralmorphem | Beispiel |
|---|---|
| *-0-* | *Wagen - Wagen* |
| *-s* | *Auto - Auto-s* |
| *-er* | *Kind - Kind-er* |
| *-e* | *Sitz - Sitz-e* |
| Umlaut | *Garten - Gärten* |
| *-en* | *Automat - Automat-en* |
| *-n* | *Wiese - Wiese-n* |
| Umlaut + *-e* | *Plan - Plän-e* |
| Umlaut + *-er* | *Haus - Häus-er* |

Somit stehen im Deutschen ca. neun Morphe zur Realisierung des Pluralmorphems zur Verfügung – je nachdem, ob man Klassen wie *-(e)n* zusammenfasst, werden es auch weniger. Bei der Pluralbildung von Fremdwörtern können weitere Morphe hinzukommen, vgl. z. B. *Lexikon – Lexika.* In solchen Fällen, wo eine Funktion/Bedeutung durch unterschiedliche Morphe formseitig realisiert wird, spricht man von **Allomorphie**.

**Allomorphe** sind konkret realisierte Varianten eines Morphems.

Umgekehrt können formseitig identische Morphe unterschiedliche Bedeutungen umfassen oder Funktionen erfüllen. Die Morphe *-s* oder *-(e)n* können z. B. nicht nur den Plural, sondern auch den Genitiv markieren: *des Spiels, des Menschen.* Hier liegt ein Fall von Homonymie vor, d. h. die Ausdrucksseite ist identisch, die Inhalts- und Funktionsseite aber verschieden, weshalb man bei *-s*, *-(e)n* und anderen von **homonymen Morphen** spricht.

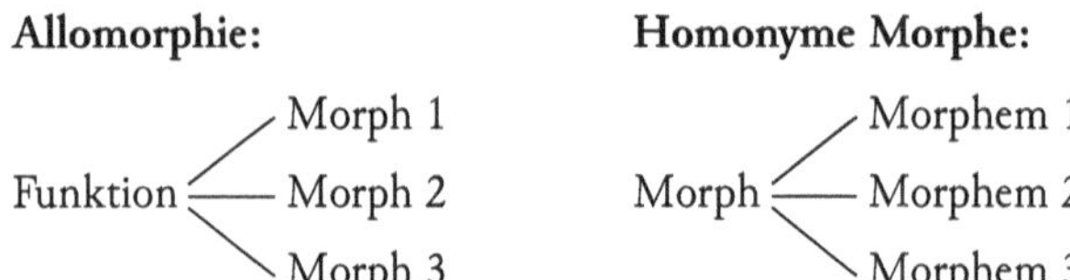


## 1.2 Morphologische ‚Bausteine'

Mit der Bestimmung von Morphen, Morphemen, Allomorphen und homonymen Morphen befinden wir uns auf einer sehr groben und abstrakten Ebene der Bestimmung der ‚Bausteine' von Wörtern. Kehren wir zu dem bereits segmentierten Wort *Prüfungen* zurück: Wir haben die Morpheme schon funktional näher als Derivationsmorphem {-ung} und grammatisches Morphem {-en} bestimmt. Damit haben wir eine grundlegende Unterscheidung zwischen lexikalischen Morphemen (meist Lexeme) einerseits und grammatischen Morphemen (Grammeme) andererseits getroffen. Obgleich eine Unterscheidung alles andere als unkompliziert ist, lässt sich sagen: Lexikalische Morpheme weisen eine stärker begrifflich-sachliche Bedeutung auf als grammatische Morpheme. So ist das Morphem {-ung} in *Prüfungen* nicht nur wortartverändernd (Verb → Substantiv), sondern kann auch Kollektiva ausbilden: *siedeln – Siedlung, bebildern – Bebilderung.*

Nun unterscheiden sich nicht nur {-ung} und {-en}, sondern auch {prüf-} und {-ung}, obwohl es sich in beiden Fällen um gebundene lexikalische Morpheme handelt (da weder *prüf-* noch *-ung* frei vorkommen). Der Unterschied besteht darin, dass {prüf-} der nicht weiter zerlegbare Kern, die **Wurzel** (auch: **Grund- oder Basismorphem**), des Wortes ist, der den Bedeutungsumfang des komplexen Wortes festlegt. Als Wurzel enthält das Morphem weder weitere lexikalische noch gebundene Morpheme. Zusammen mit {-ung}, das sich als Derivationssuffix hinten an die Wurzel heftet (lat. *suffigere*: ‚hinten anheften'), bildet es im nächsten Schritt den **Wortstamm** {prüfung}, an den abschließend das Flexionssuffix {-en} tritt. Das Deutsche kennt neben lexikalischen und grammatischen **Suffixen** auch lexikalische **Präfixe**, also gebundene Morpheme, die ‚vorne' an die Wurzel ‚geheftet' werden (lat. *prefigere*: ‚vorn anheften') und maßgeblich die Bedeutung des komplexen Wortes festlegen: *un +schön*, *ver+blühen*. Es handelt sich um gebundene lexikalische Morpheme, die substanziell zur Bedeutung des komplexen Wortes beitragen: *schön* wird durch das Negationspräfix {un-} ins Gegenteil verkehrt, ähnlich wie das Präfix {ver-} das Gegenteil des Stammes *blühen* semantisch ausdrückt.

Neben Prä- und Suffixen gibt es gelegentlich so genannte **Zirkumfixe**, die sich ‚um einen Stamm herum heften' (lat. *circumfigere*: ‚drum herum heften'). Im Deutschen wird das Partizip Perfekt der schwachen und starken Verben mit Zirkumfix {ge-V-t} bzw. {ge-V-en} gebildet: *gespielt*, *gelaufen*.

Präfixe, Suffixe und Zirkumfixe bilden zusammen die Gruppe der **Affixe**.

## 1.3 Segmentierung, Kopf-rechts-Prinzip und Paradigmenbildung

Morphologisch komplexe Wörter bestehen aus **unmittelbaren** und häufig aus **mittelbaren Konstituenten** (Morphemen). Der Unterschied besteht in der Hierarchie der Konstituenten, wobei sich unmittelbare Konstituenten aus dem ersten Analyseschritt ergeben, mittelbare erst aus dem zweiten. So besteht das Substantiv *Haustür* aus zwei unmittelbaren Konstituenten ({Haus} + {Tür}), wogegen das Substantiv *Lichtschalter* aus den unmittelbaren Konstituenten {Licht} + {Schalter} und den mittelbaren Konstituenten {Schalt-}+{-er} besteht. Das heißt, bei *Lichtschalter* handelt es sich unmittelbar um ein N+N-Kompositum, das mittelbar eine deverbale {-er}-Derivation (Ableitung, vgl. 5.2.1) einschließt.

Um solche internen morphologischen Strukturen sichtbar zu machen, bietet es sich an, sie als **Baumdiagramme** darzustellen:

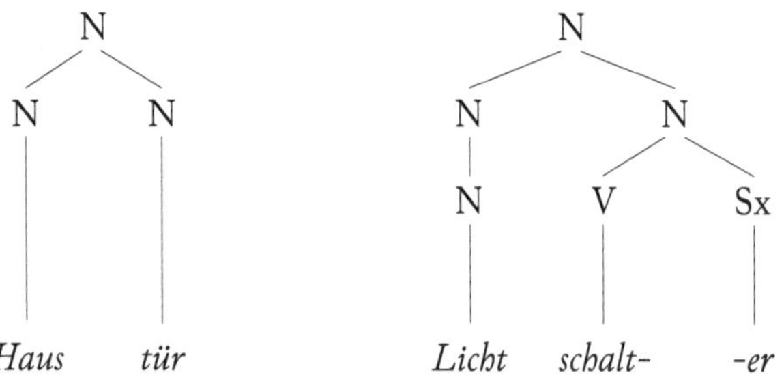


Vor allem mehrdeutige Wörter können dadurch **disambiguiert**, also semantisch vereindeutigt werden, wie am Beispiel des Kompositums *Mädchenhandelsschule* exemplifiziert werden soll:

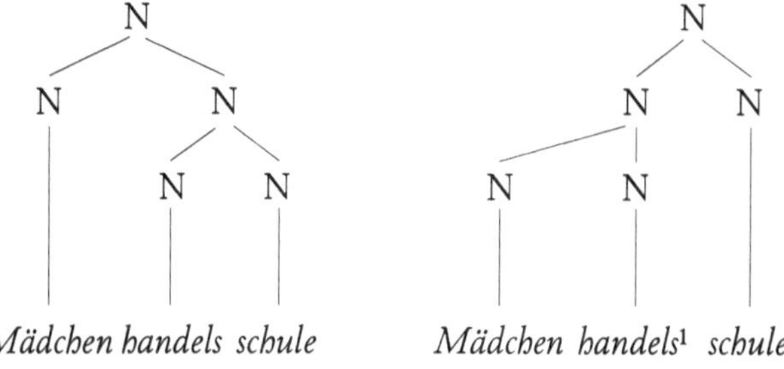


Beim ersten Diagramm bestehen die unmittelbaren Konstituenten aus *Mädchen* und *Handelsschule*, was also die Lesart ‚Handelsschule für Mädchen' eröffnet. Man spricht hier von **Rechtsverzweigung**. Beim zweiten Diagramm dagegen bestehen die unmittelbaren Konstituenten aus *Mädchenhandel* und *Schule* mit der Lesart ‚Schule für Mädchenhandel'. Hier spricht man von **Linksverzweigung**. In der gesprochenen Sprache kann die Betonung dazu beitragen, mehrdeutige Komposita semantisch zu unterscheiden: *Mädchen'handelsschule* vs. *'Mädchenhandelsschule*.

> Unter **lexikalischer Kategorie** verstehen wir die semantischen Eigenschaften eines Lexems, also konzeptuelle oder referenzielle Eigenschaften. Die **grammatische Kategorie** dagegen bestimmt die morpho-syntaktischen Merkmale eines Lexems.

---

1 Gelegentlich wird dieses Fugen-*s* separat klassifiziert, es soll hier aber als zum Erstglied gehörig betrachtet werden, da es mit einem Wortstamm die Kompositionsstammform des Erstglieds bildet. Vgl. hierzu. 5.1.1.

Komposita und Derivationen weisen so genannte morphologische Köpfe auf. Köpfe legen nicht nur die Wortart der komplexen Bildung und damit deren Flexionseigenschaften fest, sondern auch die lexikalische Kategorie. Da Köpfe in komplexen Bildungen in der Regel rechts auftreten, spricht man auch vom **Kopf-rechts-Prinzip**. Beim oben diskutierten Beispiel *Haustür*, also einem Kompositum, ist *Tür* der morphologische Kopf. Er bestimmt die lexikalische Kategorie des Kompositums (= Gattungsbezeichnung), zudem wird das Kompositum entsprechend der femininen Substantive dekliniert (*der Haustür*, Gen.; *die Haustüren*, Pl., vgl. 4.2). Auch Suffixe fungieren in diesem Sinne als morphologische Köpfe:

> *schön* (Adj.) – *Schön<u>heit</u>* (Subst.): *der Schönheit* (Gen.) – *die Schönheiten* (Pl.)
> *fahren* (V) – *fahr<u>bar</u>* (Adj.): *fahrbares (Auto)*

Morpheme lassen sich schließlich dahingehend unterscheiden, ob sie **Paradigmen** bilden, sich aufgrund gemeinsamer Merkmale also zu morphologischen Klassen zusammenfassen lassen. Dies soll für den folgenden Satz veranschaulicht werden:

> *Der Hund spielt im Garten und läuft den Schweinchen nach.*

Die Segmentierung des Satzes liefert folgende Morphe:

[der], [hund], [spiel], [-t], [im], [Garten], [und], [lauf-], [-t], [den], [schwein-], [-chen], [nach].

Die Klassifizierung führt zu folgenden lexikalischen und grammatischen Morphemen:

**Lexikalische Morpheme**: {hund}, {spiel-}, {Garten}, {lauf-}, {schwein}, {-chen}

**Grammatische Morpheme**: {der}, {-t}, {im}, {-t}, {den}, {nach}

Diese lassen sich je nachdem, ob sie frei oder gebunden auftreten, in folgende Paradigmen einordnen:

| | Lexikalische Morpheme | Grammatische Morpheme |
|---|---|---|
| **frei** | *Hund, spiel-, Garten, lauf-, Schwein* | *der, im, den, nach* |
| **gebunden** | *-chen* | *-t* |

Zu den freien lexikalischen Morphemen gehören die **Simplizia**, also die monomorphematischen Lexeme {Hund}, {Garten} und {Schwein} sowie die Verbbasen {spiel-} und {lauf-}. Letztere gelten als freie lexikalische Morpheme, weil sie in der Basisform den Imperativ, also die Befehlsform, bilden können (*Spiel!*, *Lauf!*). Sie grenzen sich von gebundenen lexikalischen Verbbasen wie z. B. {sprech-} oder {geb-} ab, die im Imperativ eine Formveränderung aufweisen (*Sprich!*, *Gib!*).

Zu den gebundenen lexikalischen Morphemen gehört das Derivationssuffix {-chen}, das die Semantik des Wortes insofern affiziert (verändert), als es die Verniedlichungs-/Verkleinerungsform von *Schwein* ausdrückt. Die freien grammatischen Morpheme bilden die Wörter {der}, {im}, {den} und {nach}, also Artikel und Präpositionen, die vor allem morpho-syntaktische Funktionen erfüllen. Als gebundenes grammatisches Morphem tritt nur {-t} in Erscheinung, das als Person- und Numerusflexiv die dritte Person Singular Präsens markiert.

Somit besteht der Satz aus 11 **Typen** und 12 **Token**, d. h. 11 Vorkommen einzelner Wortformen, von denen eines (nämlich {-t}) als Token zweimal im Satz vorkommt. Bei Typenfrequenz handelt es sich um das Vorkommen einzelner (grammatischer) Kategorien, bei Tokenfrequenz um die textbezogenen Realisierungen dieser Kategorien.

Allerdings ist die Unterscheidung zwischen Typen und Token keineswegs so einfach wie es zunächst scheint. Aus wie vielen Wörtern besteht der folgende Satz?

> *Eine Rose ist eine Rose und viele Rosen ergeben einen Rosenstrauß.*

Wer sagt: aus 11 Wörtern, hat Recht, wer aber sagt: aus 9 oder 7, liegt ebenfalls nicht daneben. Wie kann das sein? Im ersten Fall zählt man alle **syntaktischen Wörter**, also jedes einzelne Wort des Satzes, und kommt auf 11. Wer 9 Wörter zählt, zählt die **Lexeme**: *eine* (2 x), *ist*, *Rose* (2 x), *und*, *viele*, *Rosen*, *ergeben*, *einen*, *Rosenstrauß*. Schließlich lassen sich 7 **Lexemverbünde** ausmachen: *ein-* (3 x), *Rose* (3 x), *ist*, *und*, *viele*, *ergeben*, *Rosenstrauß*.

## Zusammenfassung

Das erste Kapitel sollte die Basiseinheiten der Morphologie vorstellen und in die morphologische Analyse einführen, die später sowohl bei der Flexion als auch bei der Wortbildung benötigt wird. Diese vollzieht sich im Wesentlichen in zwei Schritten:

**1. Segmentierung in Morphe:** Komplexe Wörter werden in ihre morphologischen Basiseinheiten, Morphe, segmentiert. In diesem Stadium werden noch keine Aussagen über die Funktion der Einheiten und damit einhergehende Klassenbildung/Paradigmatisierung getroffen.

**2. Klassifizierung zu Morphemen:** Die segmentierten Morphe werden über ihre Funktion und paradigmatische Einordnung näher bestimmt. Es lassen sich dabei lexikalische von grammatischen und freie von gebundenen Morphemen unterscheiden.

Die interne Struktur von morphologisch komplexen Wörtern lässt sich mittels Baumdiagrammen darstellen, wodurch unmittelbare und mittelbare Strukturen sichtbar werden. Dabei enthält jedes komplexe Wort einen morphologischen Kopf, der sich in der Regel rechts vom Wort befindet und aus freien Morphemen, aber auch z. B. aus Suffixen bestehen kann. Der Kopf legt die grammatischen, aber auch kategorialen Eigenschaften des ganzen Wortes fest.

Weiterführende Literatur: z. B. Elsen (2014: 1 ff.), Meibauer (2015: 34 ff.).

**Fragen und Aufgaben**

1. Was versteht man unter Allomorphie?
2. Stellen Sie folgende Wörter als Baumdiagramm dar:
   a. *Schönheitskönigin*
   b. *Edelmarzipantorte*
3. Aus wie vielen Typen und Token besteht folgender Satz?
   *Wenn hinter einer Fliege Fliegen fliegen, fliegen Fliegen einer Fliege hinterher.*
4. Bestimmen Sie den morphologischen Kopf:
   a. *dehnbar*
   b. *Lässigkeit*
5. Segmentieren Sie folgende Wörter in Morphe und klassifizieren Sie sie zu Morphemen:
   a. *Tierheim*
   b. *Tische*
   c. *(des) Hauses*
   d. *Fruchtbarkeitsgottheiten*

# 2 Vom Morphem zum Wort

Wir haben uns im ersten Kapitel mit morphologischen Bausteinen von Wörtern beschäftigt. In diesem Kapitel wollen wir uns mit Wörtern auf weiteren Ebenen befassen und zunächst Eigenschaften von Wörtern diskutieren, bevor im zweiten Teil das Wort als Teil des Wortschatzes im Zentrum steht.

## 2.1 Was macht ein Wort zu einem Wort?

In der Bibel steht: „Im Anfang war das Wort“ (Joh. 1,1). Doch: Was ist ein Wort? Diese Frage ist mindestens genauso schwierig zu beantworten wie die Frage: Was ist Sprache? Beide Fragen eint das Schicksal, dass die Linguistik sich seit jeher intensiv um eine Klärung bemüht und in beiden Fällen lediglich zu einer definitorischen Annäherung gelangt ist. Wir wollen uns diese **Definitionsvorschläge für das Wort** im Folgenden etwas genauer anschauen und als Prüfkriterien die einschlägigen linguistischen Teildisziplinen Graphematik, Phonetik/Phonologie, Morphologie, Syntax, Semantik und Pragmatik heranziehen.

### Graphematik

Wörter sind in der Regel dadurch gekennzeichnet, dass sie einer normierten Rechtschreibung folgen, wozu bei Substantiven im Deutschen etwa die Großschreibung am Wortanfang gehört. Zudem werden Wörter durch **Spatien**, also Leerzeichen, von benachbarten Wörtern abgegrenzt. Für die

Mehrzahl der Wörter ergeben sich hier kaum Probleme, doch wie sieht dies mit Internetphänomenen, beispielsweise den so genannten Hashtags aus? Sind Bildungen wie *#metoo* oder *#wirsindmehr* nun ein Wort oder zwei bzw. drei Wörter? Für Ersteres spricht die Tatsache, dass sich die Bedeutung dieser Hashtags zunehmend holistisch und weniger kompositionell ergibt, da die Hashtags zur Bezeichnung von Kampagnen oder Protest dienen und somit die Referenzebene, also die Bezugnahme auf außersprachliche Entitäten (Gegenstände, Sachverhalte etc.), betreffen. Die konkrete inhaltliche Ausgestaltung vollzieht sich erst im (diskursiven) Gebrauch, beispielsweise durch begleitende Tweets oder Posts. Allerdings zeigt formale Nähe (Zusammenschreibung) nicht immer auch **Lexikalisierung** (vgl. 2.2), also semantische Verselbstständigung, an. Hashtags wie *#WelttagderPoesie* etwa unterscheiden sich von ihren phrasalen Pendants lediglich durch die Zusammenschreibung aufgrund formaler Hashtag-Konventionen. Außerdem fungieren syntaktische Phrasen oder Sätze nur in seltenen Fällen als Wörter. In der Wortbildung sind solche Bildungen unter dem Begriff **Zusammenrückung** bekannt und betreffen außerhalb der digitalen Welt meist nur eine Hand voll Belege wie *Vergissmeinnicht*, *Taugenichts*, *Tunichtgut* (vgl. 5.2.1). Dass Zusammenschreibung aber kein notwendiges Wortkriterium ist, zeigen auch trennbare Verben wie *umfahren* (*Sie fährt den Mann um*) oder *ausmalen* (*Er malt das Bild aus*) (vgl. 5.2.4).

### Phonetik/Phonologie

Wörter bestehen aus Silben und Phonemen, also Sprachlauten, die eine bestimmte Betonung und Intonation aufweisen. Dass sich Wörter durch Sprechpausen voneinander abgrenzen lassen, stellt ein Ideal dar, das in der Praxis kaum aufrechterhalten werden kann. Im Redefluss werden Wörter nicht immer klar voneinander abgegrenzt, da **Verschleifungen, Tilgungen, Kontraktionen**, vor allem aber **Assimilationen** und **Klitisierungen** zu einer Aufhebung von Wortgrenzen und zu einer Verschmelzung von Wörtern führen. So kann aus *haben wir* > *hamma* werden oder aus *geht es* > *geht's* (*Wie geht's?*). An der Verwendung des Apostrophs im zweiten Beispiel zeigt sich, dass sich die gesprochensprachliche Verschmelzung von Wörtern auch in der Schreibung widerspiegeln kann.

Die Phonologie hat auch Einfluss auf die Länge von Wörtern, beispielsweise mit Blick auf Restriktionen hinsichtlich des Silbenbaus. Anfangs- und Endrand können im Deutschen laut des allgemeinen Silbenbaugesetzes nicht beliebig komplex sein. So kann der Anfangsrand aus maximal drei Konsonanten bestehen wie bei *Strumpf* [strumpf]. Außerdem fällt häufig die Sonorität der Phoneme zum Endrand hin, so dass etwa die Kombination von */ml/ am Endrand nicht möglich ist, /lm/ dagegen schon, da /l/ sonorer (klingender) ist als /m/ (z. B. *Helm*).

## Morphologie und Syntax

Die Sicht der Morphologie auf das Wort ist Gegenstand dieses Starters: Wörter können morphologisch einfach oder komplex sein. Neue Wörter lassen sich etwa durch unterschiedliche Wortbildungsarten bilden (vgl. 5.2), d. h. in der Regel durch die Verkettung von lexikalischen Morphemen erfolgt ein Ausbau des Wortschatzes. Dies bedingt, dass morphologisch komplexe Wörter intern strukturiert sind, also auf (un-)mittelbaren Konstituenten beruhen (vgl. 1.3).

Allerdings gibt es auch hier Grenzen, was die morphologische Komplexität angeht. Typische Komposita bestehen aus zwei Morphemen (*Haus+tür*, *Spiel+platz*), drei oder mehr Morpheme sind eher selten und häufig auf Fachsprachen, die Literatur- oder Pressesprache bezogen: *Ein-Euro-Job*, *Anti-Blockier-System*.

Ferner ist für viele Wörter kennzeichnend, dass sie morpho-syntaktisch abgewandelt, d. h. flexivisch in die jeweilige syntaktische Umgebung eingepasst werden. Man spricht hier von Deklination bzw. Konjugation (bei Verben) (vgl. 4). In der Regel dienen gebundene grammatische Morpheme dazu, Wörter „fit für die Syntax" zu machen. So muss das Verb im Plural stehen, wenn auch das Substantiv im Plural steht: *Die Kinder spielen*.

Stark syntaktisch funktionalisiert sind auch freie grammatische Morpheme wie *und*, *oder*, *aber* etc. Sie stellen eine Verknüpfung zwischen Sätzen und Satzgliedern her, indem sie sie inhaltlich zueinander in Relation setzen.

Dass die Grenzen zwischen Morphologie und Syntax fließend sind, machen so genannte **Phrasenkomposita** deutlich: *„Alles wird gut!"-Bedürfnis*, *„Ist denn heut schon Weihnachten"-Franz* (vgl. 5.3). Sind die Erstglieder solcher Bildungen (lexikalisierte) (Quasi-)Zitate und als ein Wort zu betrachten (und somit Gegenstand der Morphologie) oder als Phrasen (und damit Gegenstand der Syntax)?

### Semantik

Wörter tragen Bedeutung. Diese auf den ersten Blick trivial anmutende Feststellung wirft auf den zweiten Blick zahllose Fragen auf. Das fängt schon bei der Frage an: Was ist überhaupt Bedeutung? Wörter sind Zeichen, die aus einer

Ausdrucksseite und einer Inhaltsseite bestehen. Der Ausdrucksseite (Phonemfolge) wird qua Konvention eine Inhaltsseite zugeordnet (vgl. de Saussure 1967), d. h. wir müssen als Kind oder Fremdsprachenlerner*innen einfach lernen, wie Ausdruck und Inhalt eines Wortes zusammengehören. Dennoch bleibt die Frage: Was ist die Bedeutung etwa des Wortes *Baum*? Eine Möglichkeit besteht darin, die Bedeutung durch binäre semantische Merkmale von anderen Wörtern abzugrenzen. So unterscheidet sich der Baum von der Blume etwa unter anderem durch das Merkmal [+ groß]. Allerdings stellt die so genannte **Merkmalssemantik** nur eine unzureichende Möglichkeit dar, Wortbedeutung erschöpfend zu explizieren. Ein Tannenbaum z. B., der nicht das für Bäume charakteristische Merkmal [+ Blätter] aufweist, wäre demnach kein Baum.

Als Alternative zur Merkmalssemantik gilt die so genannte **Prototypentheorie**. Sie geht davon aus, dass wir Sprecher*innen Wortwissen um einen Prototyp herum ausbilden. Für deutsche Sprecher*innen wäre der Prototyp eines Baumes vermutlich die Eiche oder eine Birke, aber vielleicht erst in zweiter oder dritter Linie ein Tannenbaum. Eine Palme würden wir vermutlich nicht oder nicht direkt als Baum betrachten. Somit wird deutlich, dass Prototypen kulturell bedingt sind. Die Vorteile im Vergleich zur Merkmalssemantik liegen auf der Hand: Indem Bedeutung als kognitives Phänomen betrachtet wird, das eine Kategorisierung von Entitäten um Prototypen ermöglicht, lassen sich zentrale von peripheren Vertretern einer Kategorie unterscheiden. Darüber hinaus wird deutlich, dass Kategoriengrenzen unscharf sind, es also zu fließenden Übergängen zwischen benachbarten Kategorien kommen kann.

Allerdings wirft auch die Prototypentheorie Probleme auf: Ist die Bedeutung des Wortes *Baum* ein kognitives Konzept/ Schema einer Eiche oder Birke? Ist es ein kognitives Schema einer konkreten Eiche/Birke, die jemand im Garten stehen hat? Oder handelt es sich bei der Bedeutung um die Eigenschaften von Eichen/Birken im Allgemeinen? Zu klären ist ferner, ob die prototypische Bedeutung nur die Ausdrucksbedeutung (**Denotation**) eines Wortes umfasst oder auch die kontextuell aktivierte Äußerungsbedeutung, also die Bedeutung, die Wörter im konkreten Gebrauch aktivieren.

Wie sieht es schließlich mit der Bedeutung von grammatischen Wörtern aus? Welche Bedeutung tragen Konjunktionen (z.B. *und*, *aber*), Präpositionen (z.B. *auf*, *in*, *unter*) oder Artikel (z.B. *der*, *die*, *ein*)? Offenbar erfordert die Beschreibung von grammatischer ‚Bedeutung' bzw. Funktion andere Zugänge als die Beschreibung von lexikalischer Bedeutung. Auch wenn grammatische Wörter eher funktional als semantisch zu bestimmen sind, wäre es unsinnig, ihnen den Wortstatus absprechen zu wollen.

### Pragmatik

Mit der im letzten Abschnitt vorgenommenen Unterscheidung zwischen Ausdrucksbedeutung einerseits und Äußerungsbedeutung andererseits befinden wir uns im Zentrum der Unterscheidung zwischen Semantik und Pragmatik. Während sich die Semantik traditionell mit der Ausdrucks-, also Kernbedeutung von Wörtern sowie mit Konnotationen befasst, untersucht die Pragmatik die Äußerungsbedeutung, also die kontextabhängige Bedeutung von Wörtern, sowie das Sprachhandeln. Diese Unterscheidung geht auf die – in der Forschung nicht unumstrittene –

Annahme zurück, Wörter enthielten einen allgemeingültigen Bedeutungskern, der fest mit der Ausdrucksseite eines Wortes verbunden und etwa in Wörterbucheinträgen festgehalten ist. Im konkreten Gebrauch wiederum würden dann nur bestimmte Aspekte dieser Kernbedeutung aktiviert, angereichert durch zusätzliche kontextuelle und situative Aspekte. Tatsächlich speist sich die Ausdrucksbedeutung aus der Äußerungsbedeutung und wird durch den konkreten Wortgebrauch stetig modifiziert. Zudem gibt es Wörter, die ihre Bedeutung erst durch die konkrete Situierung entfalten. Wenn ich sage: *Ich bin gerade hier*, bezieht sich der Satz auf komplett andere Rahmenbedingungen bzw. bedeuten die Wörter *ich*, *gerade* und *hier* etwas anderes, als wenn Alexander Gerst den Satz auf der Raumstation ISS im Weltall äußert. Solche Wörter, deren Bedeutung von der Ich-Jetzt-Hier-Origo (also von dem Sprecher zu einer gegebenen Zeit an einem gegebenen Ort) abhängt, nennt man **Deiktika** und das Prinzip dahinter **Deixis** (*ich* = **Personaldeixis**, *gerade* = **Temporaldeixis**, *hier* = **Lokaldeixis**).

Damit wird deutlich, dass sich Semantik und Pragmatik mit Bezug auf die Wortbedeutung eher arbeitsteilig als konkurrierend verhalten. Die Grenzen sind fließend und nicht immer ist es einfach zu bestimmen, welche Bedeutungsanteile konventionell mit einer Ausdrucksseite verbunden sind und welche erst situativ und kontextuell hervorgerufen werden.

## 2.2 Der Wortschatz

Wörter bilden in ihrer Gesamtheit den **Wortschatz** einer Sprache. Der Wortschatz des Deutschen umfasst schätzungsweise 300 000 bis 400 000 Wörter (vgl. Meibauer 2015:

15). Selbstverständlich variiert die Zahl der Wörter, die erwachsene Sprecher*innen aktiv verwenden, enorm. Ein Großteil dieser Wörter sind **Usualismen**, also solche Wörter, die fester Bestandteil des Wortschatzes sind und im Lexikon verortet werden. Darüber hinaus gelangen durch **Neuschöpfung**, **Wortbildung** (vgl. 5) oder **Entlehnung** ständig neue Wörter in den Wortschatz. Es ist deshalb zwischen nativen und nicht-nativen Wörtern zu unterscheiden: Letztere lassen sich in **Fremdwörter** einerseits und **Lehnwörter** andererseits unterteilen. Für Fremdwörter ist charakteristisch, dass sie in Aussprache, Schreibung und Flexion nicht oder nicht vollständig an die **Nehmersprache** angepasst sind (z. B. *Chance*), während gerade dies typisch für Lehnwörter ist (z. B. *Bluse* aus frz. *blouse*).

Unter **Lexikon** kann Unterschiedliches verstanden werden: 1. Nachschlagewerk/Wörterbuch, 2. kognitives Lexikon (mentale Speicherung, Produktion und Verarbeitung von Wörtern), 3. neuroanatomisches Lexikon (Sitz des lexikalischen Zentrums im Gehirn).

Nicht alle Neubildungen landen irgendwann im Lexikon. Im Gegenteil: Einem Großteil von Wörtern ist häufig nur eine geringe Lebensdauer beschieden, da sie als **Okkasionalismen** bzw. **Ad-hoc-Bildungen** lediglich Spontanbildungen darstellen, um einen temporären Bezeichnungsmangel zu beheben (z. B. *Balkonsingen*). Gewinnen solche Okkasionalismen allerdings an Frequenz und werden von vielen Sprechern übernommen, gelten sie als **Neologismen** (z. B. *Corona-App*) und finden eventuell als neue Wörter Eingang ins Lexikon (= **Lexikalisierung**). Die Abgrenzung zwischen Okkasionalismus und Neologismus ist aber keineswegs trennscharf (vgl. Elsen 2011).

**Lexikalisierung** bezieht sich auf die Aufnahme von Lexemen in das Lexikon/den Wortschatz einer Sprache. Der Terminus kann ferner den Prozess der zunehmenden Verselbstständigung von komplexen Wörtern umfassen, bei der die Motivation zwischen Inhalts- und Ausdrucksseite verdunkelt erscheint. Z. B.: *Junggeselle* = ‚unverheirateter Mann' (≠ ‚junger Geselle').

**Motivation** (auch: Motiviertheit, Motivierung) liegt vor, wenn die Bedeutung eines Wortes aus der Bedeutung seiner Bestandteile ableitbar ist. Motivation ist ein gradueller Prozess, man unterscheidet zwischen vollmotivierten (z. B. *Schornsteinfeger*) und idiomatisierten (= demotiviert, z. B. *Junggeselle*) Lexemen an den beiden Enden der Skala.

Das Lexikon ist ständig im Wandel. Neue Wörter treten hinzu, alte, aus der Mode gekommene Wörter (**Archaismen**) verschwinden. Dadurch wird unnötiger Ballast abgeworfen und das Lexikon orientiert sich stets am aktuellen Sprachgebrauch. Wer benutzt schließlich heute noch *Oheim* für *Onkel* oder *weiland* für *damals/früher*?

## Zusammenfassung

Das Wort ist eine nicht einfach zu fassende sprachliche Einheit. Obgleich sich bestimmte typische Charakteristika herauskristallisieren, gibt es immer wieder Ausnahmen und Abweichungen. Damit wird die Kategorie *Wort* selbst zu einem prototypischen Phänomen: Das prototypische Wort weist eine den graphematischen Regeln und Gepflogenheiten folgende

Schreibung auf, wird phonologisch als Einheit ausgesprochen, folgt (bis auf die nicht flektierbaren Wortarten, vgl. Kap. 3.5–8) den Regeln der Flexion und ist in syntaktische Funktionen eingebunden, umfasst eine Ausdrucksbedeutung sowie eine (kontextuell abhängige) Äußerungsbedeutung bzw. erfüllt bestimmte kommunikative Funktionen.

Das heißt nun nicht, dass Einheiten, die eine oder mehrere dieser Kriterien nicht erfüllen, keine Wörter darstellen. Vielmehr sind sie eher im Randbereich der Kategorie *Wort* anzusiedeln (je nachdem, wie viele Kriterien (nicht) zutreffen). Hierzu gehören etwa Phänomene der gesprochenen Sprache (z. B. *haste* statt *hast du*), der Werbung (z. B. Binneninterpunktion wie bei *bahn.comfort* oder typo- und ikonografische Marken- und Produktnamen), aber auch viele Internetphänomene wie die konsequente Kleinschreibung von Wörtern im Chat, Emojis oder Hashtags.

Weiterführende Literatur: z. B. Heringer (2009: 18 ff.), Meibauer (2015: 17 ff.), Fuß/Geipel (2018: 13 ff.), Boettcher (2009: 2 ff.).

**Fragen und Aufgaben:**

1. Inwiefern stellen folgende Wörter Probleme für die Wortdefinition dar?
   a. *sagste* (< *sagst du*)
   b. *auf's*, *über's*
   c. *und*, *aber*, *auch*
   d. *er*, *morgen*, *dort*
2. Grenzen Sie Okkasionalismen von Neologismen ab.
3. Handelt es sich bei den folgenden Wörtern um Fremd- oder Lehnwörter?
   a. *Avantgarde*
   b. *Plateau*
   c. *Fenster (aus lat. fenestra)*
   d. *skypen*

# 3 Die Wortarten des Deutschen

In Kapitel 2 haben wir uns eher allgemein mit der Frage auseinandergesetzt, auf welchen linguistischen Ebenen Wörter beschrieben werden können. Dabei ist schon die Unterscheidung zwischen lexikalischen und grammatischen Wörtern angeklungen. In diesem Kapitel sollen die einzelnen Wortarten genauer vorgestellt, subdifferenziert und voneinander abgegrenzt werden. Dies bildet die notwendige Grundlage für die Auseinandersetzung mit Flexion (Kapitel 4) und Wortbildung (Kapitel 5), die in der vorliegenden Einführung vornehmlich wortartbezogen erläutert werden.

> Unter **Wortarten** versteht man Klassen von Lexemen, die über ähnliche morphologische und/oder syntaktische Eigenschaften verfügen.

## 3.1 Verben

Verben (auch: Tätigkeitswörter, „Tuwörter") beziehen sich auf Handlungen (Handlungsverben wie *essen*, *schreiben*, *arbeiten*), Vorgänge (Vorgangsverben wie *duften*, *wachsen*) und Zustände (Zustandsverben wie *wohnen*, *schlafen*). Aus semantisch-funktionaler Sicht lassen sich drei Kategorien unterscheiden:

**Vollverben**: Vollverben wie die eingangs genannten weisen eine mehr oder weniger ausgeprägte lexikalische Bedeutung auf. Sie können unterschiedliche Ergänzungen zu sich nehmen: Einstellige Verben verlangen eine Ergänzung (**in-**

**transitiv**, z. B. *schlafen* – *ich schlafe*), zweistellige Verben verlangen zwei Ergänzungen (**transitiv**, z. B. *lieben* – *Peter liebt Inge*) und dreistellige verlangen drei Ergänzungen (**ditransitiv**, z. B. *geben* – *ich gebe ihr das Geschenk*).

**Hilfsverben** (auch: Auxiliare): Anders als Vollverben weisen Hilfsverben nur (noch) wenig lexikalische Semantik auf. Sie dienen der grammatischen Markierung (vgl. 4.1), wie etwa *haben* und *sein* zur Bildung von Perfekt (*hat gegessen*, *ist gekommen*) und Plusquamperfekt (*hatte gegessen*, *war gekommen*), *werden* zur Bildung des Futurs (*wird singen*) und *werden* und *sein* zur Bildung des Passiv (*wurde getötet*, *ist gefangen worden*).

Diese Hilfsverben sind aus freien lexikalischen Verben, die heute noch parallel existieren, hervorgegangen. Diesen Prozess, den man **Grammatikalisierung** nennt, wollen wir uns in Kapitel 7 noch etwas genauer anschauen.

**Modalverben**: Modalverben drücken Sprechereinstellungen, Möglichkeit, Erlaubnis etc. aus und bilden eine kleine, begrenzte Gruppe von Verben: *können*, *dürfen*, *sollen*, *mögen*, *müssen*, *wollen*. Sie treten stets mit Verben im **Infinitiv** auf: *Er soll die Hausaufgaben machen. Wir müssen die Straße kehren. Sie will in Urlaub fahren.*

## 3.2 Substantive

Substantive (auch: Nomen, Nennwort, Namenwort, Hauptwort) sind die im Wörterbuch am häufigsten verzeichnete Wortart. Substantive lassen sich semantisch weiter subklassifizieren in (a) Konkreta und Abstrakta, (b) belebt und nicht belebt, (c) Appellative und Eigennamen und (d) zählbar und nicht zählbar.

Zu (a): **Konkreta** wie *Stuhl*, *Auto*, *Mensch*, *Baum* bezeichnen Gegenstände, Lebewesen, Geräte etc., also alles (An-)Fassbare. **Abstrakta** wie *Liebe*, *Sehnsucht*, *Friede*, *Angst* etc. sind dagegen nicht gegenständlich, nicht (an-)fassbar, sondern meist virtuell (imaginiert) und umfassen häufig Gefühle, Werte oder Zustände.

Zu (b): **Belebt** sind Substantive wie *Mensch*, *Tier*, *Baum*, **unbelebt** Substantive wie *Auto*, *Telefon*, *Tisch* oder *Buch*. In erster Linie trifft diese Unterscheidung auf Konkreta zu.

Zu (c): *Unser Hund heißt Bello.* Dieser Beispielsatz enthält sowohl ein Appellativum als auch einen Eigennamen. **Appellativa** wie *Hund* sind Gattungsbezeichnungen, die sich auf Gattungen, Arten oder Klassen beziehen, deren Elemente bestimmte gemeinsame Merkmale aufweisen. Dagegen handelt es sich bei *Bello* um einen **Eigennamen**, der zur Identifizierung eines ganz bestimmten Individuums einer Gattung, Art oder Klasse dient.

Eigennamen können – wie *Bello* – aus einem Wort bestehen, aber auch aus Phrasen wie *das Weiße Haus*, *der Alte Fritz* oder *der Zweite Weltkrieg*. Sie können – etwa bei Marken- und Produktnamen – **Neuschöpfungen** darstellen (vgl. 2.2): *Vileda*, *Blend-a-med*. Schließlich können sich Eigennamen zu Appellativa entwickeln: *Celsius* (Person zu Maßeinheit), *Röntgen* (Person zu Verfahren).

Zu (d): **Zählbarkeit** stellt den Normalfall bei Substantiven dar, denn mit den meisten Substantiven lässt sich der Plural mühelos bilden: *Kind* – *Kinder*, *Haus* – *Häuser*. Allerdings gibt es auch solche, die **nicht** oder nur unter bestimmten Umständen **zählbar** sind. Hierzu gehören u. a. Eigennamen wie *Johann* oder *Berlin*, Abstrakta wie *Freiheit*, *Hitze* oder *Nähe* sowie Stoffbezeichnungen wie *Milch*, *Kaffee* und *Wasser*.

## 3.3 Artikelwörter und Pronomen

**Artikelwörter** (häufig kurz: Artikel) stellen Begleiter von Substantiven bzw. Substantivgruppen dar. Sie **modifizieren** Substantive hinsichtlich ihrer **Definitheit** (Bestimmtheit), weshalb grundsätzlich zwischen definiten Artikeln einerseits und indefiniten Artikeln andererseits unterschieden wird: **Definite Artikel** (*der*, *die*, *das*) zeigen an, dass innerhalb einer unbestimmten Menge auf ein bestimmtes Element referiert wird: *Mann – der Mann*, *Kind – das Kind*, *Zeitung – die Zeitung*. Der definite Artikel dient somit zur eindeutigen Identifizierung und Abgrenzung von Elementen einer Klasse. **Indefinite Artikel** (*ein*, *eine*, *einer*) dagegen verweisen auf ein unbestimmtes Element einer Klasse: *ein Mann*, *ein Kind*, *eine Zeitung*.

**Pronomen** stehen ‚für Nomen', d. h. sie haben **Stellvertreterfunktion** oder fungieren als **Begleiter** zu einem Nomen. Sie werden verschiedenen Klassen zugeordnet:

**Personalpronomen**: Diese lassen sich als ‚typische' Pronomina bezeichnen und ersetzen Substantive ‚direkt'. Zu ihnen gehören etwa *ich*, *du*, *er*, *sie*, *wir* etc.

**Possessivpronomen**: Possessivpronomina sind besitzanzeigend, zu ihnen gehören beispielsweise *mein*, *dein*, *unser*, *euer* etc.

**Reflexivpronomen**: Sie beziehen sich auf Elemente im gleichen Satz: *sich* (*Er setzt sich auf die Bank*), *selbst* (*Sie hat das Auto selbst gelenkt*).

**Demonstrativpronomen**: Ähnlich wie der bestimmte Artikel erfüllen Demonstrativpronomen eine Verweis- oder Zeigefunktion: *dieser*, *dieses*, *jener*.

**Interrogativpronomen** (Fragepronomen): Mit Interrogativpronomen wie *welch*, *welcher*, *was*, *wer*, *warum* etc. werden Fragen eingeleitet.

**Indefinitpronomen**: Hier sind Formen wie *(irgend)jemand*, *niemand*, *keiner*, *man* etc. gemeint, die auf eine unbestimmte Menge/auf unbestimmte Elemente einer Klasse Bezug nehmen.

## 3.4 Adjektive

Es lassen sich **drei Stellungsvarianten** des Adjektivs unterscheiden: Beim **attributiven Gebrauch** (zwischen Artikel und Substantiv) kongruieren Adjektive mit dem Substantiv: *der bunte Ball.* Beim **prädikativen Gebrauch** (kombiniert mit Kopulaverben wie *sein*, *werden* oder *bleiben*) und beim **adverbialen Gebrauch** (mit Bezug auf ein Verb, ein anderes Adjektiv oder eine Partikel) wird das Adjektiv nicht flektiert: *Das Haus ist schön*; *Die Kapelle spielt laut*; *Ein angenehm milder Duft liegt in der Luft*. Allerdings kann man es problemlos in die attributive und damit flektierte Position überführen: *Das schöne Haus*; *Das laute Spielen*; *Ein angenehmer Duft*. Semantisch beziehen sich Adjektive auf Substantive. Es lassen sich grob drei Klassen unterscheiden:

**Qualifizierende Adjektive**: Sie geben ein Werturteil über eine Person, eine Sache oder einen Vorgang ab: *schön*, *hoch*, *sauer*, *kalt*, *früh* etc.

**Relationale Adjektive**: Sie drücken eine Beziehung oder Zugehörigkeit aus: *englisch*, *evangelisch*, *ärztlich*, *mittelalterlich*, *gestrig* etc.

**Quantifizierende Adjektive (Zahladjektive)**: Sie geben eine Menge oder Rangordnung an: *zwei*, *zwanzig*, *viele*, *zweiter* etc.

## 3.5 Adverbien

Adverbien (auch: Umstandswörter) stellen eine recht heterogene Klasse dar. Semantisch betrachtet geben sie die Umstände (wo, wann, wie, warum, mit welcher Wahrscheinlichkeit) von Geschehen und Objekten an. Einige Subklassen sind:

**Lokaladverb**: Lokaladverbien verorten ein Objekt, Geschehen etc. räumlich und stellen räumliche Beziehungen her. Es lassen sich Ortsadverbien (*hier*, *dort*, *unterhalb*) von Richtungsadverbien (*hin*, *her*, *hierhin*, *abwärts*) abgrenzen.

**Temporaladverb**: Temporaladverbien situieren ein Objekt, Geschehen etc. zeitlich und stellen zeitliche Bezüge her. Sie können sich etwa auf einen Zeitpunkt (*jetzt*, *heute*, *abends*, *vorher*), die Zeitdauer (*immer*, *tagsüber*, *seither*) oder Wiederholungen beziehen (*mehrmals*, *manchmal*, *oft*, *häufig*).

**Modaladverb**: Modaladverbien benennen die Quantität (*teilweise*, *haufenweise*, *halbwegs*) und Qualität (*so*, *anders*, *gern*, *nebenbei*, *vergebens*) von Dingen.

## 3.6 Präpositionen

Präpositionen treten meist mit Substantiven auf und bestimmen den Kasus, d. h. sie ‚regieren' ein Substantiv: Genitiv (*wegen des Kindes*), Dativ (*mit dem Kind*), Akkusativ (*durch das Kind*). Der Terminus *Präposition* bezieht sich allerdings nur auf eine von mehreren Stellungsmöglichkeiten, insgesamt lassen sich drei Stellungen (Adpositionen) unterscheiden:

**Präposition** (Voranstellung): vor dem Substantiv (*vor dem Haus*, *auf dem Stuhl*, *nach dem Regen*).

**Postposition** (Nachstellung): nach dem Substantiv, z. B. als Verbteil komplexer Verben (*hinaufgehen: geht die Straße hinauf, hinabgehen: geht den Berg hinab*).

**Zirkumposition** (Herumstellung): um das Substantiv herum (*von Anfang an, um Himmels willen*).

Hinsichtlich der Komplexität können primäre (*in, auf, unter, vor*), sekundäre (*aufgrund, infolge, hinsichtlich*) und tertiäre (*in Bezug auf, am Rande, im Vorfeld*) Präpositionen voneinander abgegrenzt werden.

Semantisch gesehen lassen sich – ähnlich wie bei Adverbien – lokale (*auf, unter, vor*), temporale (*seit, nach, gegen*) und modale (*außer, entgegen, einschließlich*) Verwendungsweisen bestimmen. Hinzu kommen kausale/konzessive Präpositionen (*zwecks, bezüglich, trotz*) sowie die von Verben (*warten auf*), Adjektiven (*stolz auf*) und Substantiven (*Hoffnung auf*) geforderten ‚neutralen' Präpositionen.

## 3.7 Konjunktionen

Konjunktionen (auch: Binde-, Verknüpfungswörter) haben ‚verknüpfende' Funktion, beispielsweise verbinden sie Wörter, Sätze oder Satzglieder miteinander. Man unterscheidet zwei Gruppen von Konjunktionen:

**Subordinierende Konjunktionen** (auch: Subjunktionen): Sie verbinden zwei Sätze miteinander, indem sie einen dem anderen unterordnen. Den übergeordneten Satz nennt man **Matrixsatz**, den untergeordneten Satz **einleitenden Nebensatz**. Bei subordinierenden Konjunktionen wird das finite Verb ans Ende des Satzes gesetzt: *Er geht spazieren, obwohl es regnet*.

Mit Bezug auf die Bedeutung lassen sich z. B. folgende Typen unterscheiden: temporal (*während, seit*), kausal (*weil, da*), konditional (*falls*, *wenn*), konzessiv (*obwohl*, *gleichwohl*), adversativ (*wohingegen*, *stattdessen*) etc.

**Koordinierende Konjunktionen**: Sie verknüpfen nicht nur Sätze, sondern auch kleinere Einheiten wie Wörter und Phrasen miteinander. Koordinierende Konjunktionen sind allerdings nicht unter-, sondern nebenordnend, d. h. sie koordinieren gleichwertige Teile miteinander.

Zu den semantischen Typen gehören etwa: additiv (*und*, *sowie*, *sowohl … als auch*), alternativ (*oder*, *entweder … oder*) etc. Wie die Beispiele zeigen, gibt es eingliedrige (*seit*, *falls*, *und*), mehrgliedrige (*obwohl*, *stattdessen*) und paarige Konjunktionen (*sowohl … als auch*, *entweder … oder*).

## 3.8 Partikeln

Im Gegensatz zu den bisher vorgestellten Wortarten handelt es sich bei Partikeln um keine homogene Klasse, die nur nach morphologischen, syntaktischen oder semantischen Gesichtspunkten zu bestimmen ist. Vielmehr werden Partikeln nach pragmatischen Kriterien, d. h. hinsichtlich ihrer kommunikativ-funktionalen Eigenschaften, charakterisiert. Somit kommt ihnen in nähe- und gesprochensprachlichen Texten eine wichtige Funktion zu. Man unterscheidet folgende Subtypen:

**Gradpartikeln** (auch: Steigerungs- und Intensivpartikeln): Gradpartikeln geben die Intensität (quantitativ und qualitativ) von etwas an und beziehen sich häufig auf ein Adjektiv oder Adverb (*Sie singt <u>sehr</u> schön*). Zu vielen Gradpartikeln liegen Dubletten in anderen Wortarten wie Adjektiven vor, die flektiert werden und sich häufig auf Substantive beziehen: *Er ist ausgesprochen schön* (Gradpartikel) vs. *Es war mir ein ausgesprochenes Vergnügen* (Adverb).

**Fokuspartikeln**: Sie heben bestimmte Elemente im Satz (Bezugselemente) hervor. Folgende Subtypen gibt es:

- mengenbezogen: *nur, wenigstens, auch* etc.: *Auch Mathilde ist zum Geburtstag gekommen.*
- zeitbezogen: *bereits, schon, erst* etc.: *Ich warte bereits seit drei Stunden auf dich!*
- qualitätsbezogen: *wenigstens, höchstens, fast* etc.: *Er hat sich wenigstens Mühe gegeben.*

**Modalpartikeln** (auch: Abtönungs- und Einstellungspartikeln): Modalpartikeln geben die Einstellung des Sprechers zum im Satz ausgedrückten Sachverhalt wieder, gelegentlich lassen sie sich auch als Kommentar bezeichnen. Zu den Modalpartikeln gehören etwa *bloß, ja, doch, ruhig* etc.: *Mach das ruhig!*; *Er hat ja keine einzige Aufgabe richtig gelöst.*

Als **Kommentarpartikeln** gelten *sozusagen, gewissermaßen, quasi*: *Es hat sich quasi erledigt. Rehe sind gewissermaßen von Natur aus scheu.*

**Infinitivpartikeln**: Die Infinitivpartikeln *zu* bzw. *um … zu* markieren den Infinitiv des Verbs: *Er hat sich etwas zu lesen gekauft. Sie geht in den Garten, um zu spielen.*

**Negationspartikel**: Die Negationspartikel *nicht* kann relativ frei im Satz verwendet werden:

*Er arbeitet nicht gerne.*
*Nicht sie, sondern er arbeitet nicht gerne.*
*Er arbeitet heute nicht.*
*Er arbeitet nicht heute.*

**Superlativpartikel**: Die Superlativpartikel *am* bezieht sich auf ein Adjektiv und nicht, wie die Präposition *am*, auf ein Substantiv: *Peter ist <u>am</u> größten* (Superlativ) vs. *Peter ist <u>am</u> Haus angekommen* (Präposition).

**Gesprächspartikeln**: Zu den Gesprächspartikeln gehört eine Vielzahl an Subtypen, die kommunikative Aufgaben in Gesprächen erfüllen. Hierzu zählen u. a.:

- **Antwortpartikeln** wie *nein*, *ja*, *doch*: *„Hast du Hausaufgaben gemacht?“ – „<u>Nein</u>!“*
- **Sprechersignale**, die anzeigen, dass der Sprecher das Rederecht ergreifen, behalten oder abgeben will: *äh*, *also*, *okay*, *gut* etc. Hierher gehören auch **Begrüßungs- und Verabschiedungspartikeln** wie *hallo*, *hi*, *tschüss*, *ciao*.
- **Hörersignale** (auch: Responsivpartikeln) wie *stimmt*, *jaja*, *genau*, die anzeigen, dass der Hörer dem Sprecher zuhört. Die Grenze zu den Antwortpartikeln ist hier fließend.
- **Interjektionen**, die vor allem Emotionen wie Freude, Überraschung, Traurigkeit, Schmerz etc. sowie Bewertungen und Aufforderungen ausdrücken: *Hurra!*, *Aua!*, *Klasse!*, *Scheiße!*, *Bäh! Psst! Stöhn!*, **grins** etc.

## Zusammenfassung

Wir wollen die Bestimmung der Wortarten an einem konkreten Beispiel zusammenfassen. Der folgende Ausschnitt stammt aus einem *Spiegel-Online*-Artikel vom 07. 03. 2019:

> *Kanadische Wissenschaftler haben einen Sensor entwickelt, der die Bewegung von Menschen verfolgt, die in gefährlichen Situationen arbeiten müssen. So könnte die Arbeit von Feuerwehrleuten oder Minenarbeitern überwacht werden.*

Die Wörter des Textes lassen sich in folgende Wortarten einteilen:

**Verben:** *haben* (Hilfsverb), *entwickelt*, *verfolgt*, *arbeiten*, *müssen* (*Modalverb*), *könnte* (Modalverb), *überwacht*, *werden* (Hilfsverb).
**Substantive**: *Wissenschaftler*, *Sensor*, *Bewegung*, *Menschen*, *Situationen*, *Arbeit*, *Feuerwehrleuten*, *Minenarbeitern.*
**Artikelwörter**: *einen* (*Sensor*), *die* (*Bewegung*, *Arbeit*)
**Pronomen**: *der*, *die* (Relativpronomen)
**Adjektive**: *kanadische*, *gefährlichen*
**Adverb**: *so* (Modaladverb)
**Präpositionen**: *in*, *von*
**Konjunktionen**: *oder* (koordinierend)

Weiterführende Literatur: z.B. Boettcher (2009: 20 ff.), Hentschel/Weydt (2013: 13 ff.), Imo (2016: 13 ff.).

**Fragen und Aufgaben**

1. Bestimmen Sie die Wortarten des folgenden Gedichtauszugs:

   *Das Kuss-Gedicht* (von Gerrit Engelke)

   *Der Menschheit größter Hochgenuss*
   *ist ohne Zweifel wohl der Kuss.*
   *Er ist beliebt, er macht vergnügt,*
   *ob man ihn gibt, ob man ihn kriegt.*

   *Er kostet nichts, ist unverbindlich*
   *und vollzieht sich immer mündlich.*
   *Hat man die Absicht, dass man küsst,*
   *so muss man erst mit Macht und List*
   *den Abstand zu verringern trachten*
   *und dann mit Blicken zärtlich schmachten.*
   (…)

2. Teilen Sie die Substantive des Gedichts in Konkreta und Abstrakta ein.

# 4 Flexion

Im vorherigen Kapitel wurden die Wortarten des Deutschen eingeführt, näher beschrieben und funktional voneinander abgegrenzt. In diesem Kapitel soll die **Flexion** (lat. *flectere*: ‚biegen, beugen') dieser Wortarten im Zentrum stehen. Dabei wurde die Reihenfolge der Wortarten in Kapitel 3 nicht zufällig, sondern bereits mit Blick auf ihre Flexionseigenschaften gewählt, wie die folgende Übersicht verdeutlicht (hier reduziert dargestellt, vgl. ausführlich z. B. Boettcher 2009: 24):

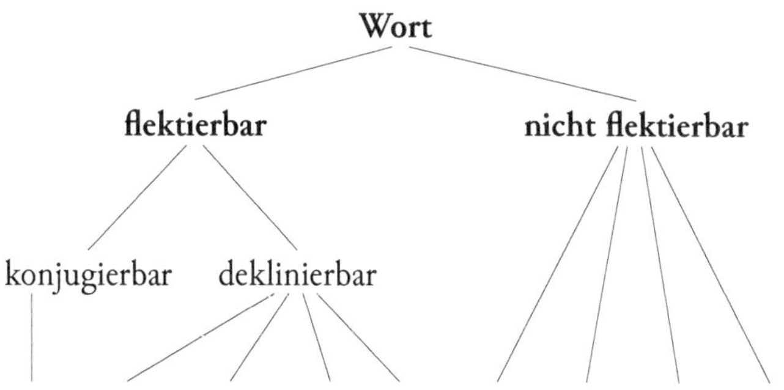


Wörter lassen sich zunächst dahingehend unterscheiden, ob sie flektierbar oder nicht flektierbar sind.

> Unter **Flexion** versteht man die morpho-syntaktische Abwandlung von Wörtern nach bestimmten Merkmalen einer Merkmalsklasse.

Die **nicht flektierbaren** (auch: syntaktischen) Wortarten Adverb, Präposition, Konjunktion und Partikel (s. dazu Kap. 3.5–8) werden im Folgenden nicht mehr berücksichtigt. Wir konzentrieren uns auf die **flektierbaren** (auch: lexikalischen) Wortarten: das Verb, das **konjugierbar** ist, sowie die **deklinierbaren** Wortarten Substantive, Artikelwörter, Pronomen und Adjektive (s. auch Kap. 3.1–4).

Kenntnisse über die Flexion gehören zum unverzichtbaren Handwerkszeug der Morphologie. Diese Grundlagen sollten im Schulunterricht bereits gelegt worden sein und werden im Folgenden lediglich rekapituliert. Falls sich bei der Lektüre größere Gedächtnislücken auftun, findet sich eine ausführlichere Fassung dieses Kapitels mit zahlreichen Beispielen online im Zusatzmaterial zu diesem Buch.

## 4.1 Das Verb

Das Verb liegt in unterschiedlichen Verbformen vor:

1. **Finite Verbformen**: Das Verb in seiner konjugierten Form. Man spricht hier von finitem Verb oder Finitum.

2. **Infinite Verbformen**: Hierzu gehören der Infinitiv (Nennform des Verbs), das Partizip I (Partizip Präsens, z. B. *singend, essend*) und das Partizip II (Partizip Perfekt, z. B. *gelacht, gefunden*).

Die folgenden fünf **Flexionskategorien / Merkmalsklassen** des Verbs lassen sich unterscheiden:

**Tempus**: gibt die Zeitform des Verbs an. Das Deutsche verfügt über sechs Möglichkeiten der Tempusmarkierung: **Präsens, Perfekt, Präteritum, Plusquamperfekt, Futur** I und **Futur II**. Vor allem mit Blick auf die Bildung von Präteritum und Partizip II lassen sich Verben in **zwei Konjugationsklassen** einteilen:

**1. Schwache Verben**: Schwache Verben machen den Großteil des Verbbestands aus. Sie werden im Präteritum regelmäßig (daher auch: regelmäßige oder reguläre Verben) durch Anheften des Dentalsuffixes {-te} an den Stamm gebildet: *spielen – spiel+te, freuen – freu+te, packen – pack+te.*

Das Partizip II der schwachen Verben wird mit dem Zirkumfix *ge*-V-(*e*)*t* gebildet: *ge+spiel+t, ge+freu+t, ge+pack+t.*

**2. Starke Verben**: Starke Verben bilden das Präteritum durch Vokalwechsel (Ablaut). Dieser folgt nicht mehr wie noch in früheren Sprachstufen einem klaren Schema, sondern muss für viele Verben einzeln gelernt werden: *singen – sang, fliegen – flog, geben – gab.*

Hinzu kommen Klassen, die das Tempus **kombinatorisch** markieren, wie etwa die Modalverben (z. B. *wollen – will/ wollte*) oder so genannte Rückumlautverben (*brennen – brannte*).

Das Partizip II wird mit dem Zirkumfix *ge*-V-*en* gebildet: *ge+sung+en, ge+flog+en, ge+fund+en.*

**Modus:** sagt etwas über die Einstellung des Sprechers zur mit dem Verb ausgedrückten Handlung aus. Dabei werden die Modi **Indikativ** (*er spielt*), **Konjunktiv I** (*er spiele*), **Konjunktiv II** (*er spielte*) und **Imperativ** (*Spiel!*) unterschieden.

**Numerus: Singular** und **Plural** bezeichnen die Einzahl (*er läuft*) oder Mehrzahl (*sie laufen*) dessen, was mit dem Verb ausgedrückt wird.

**Person:** kann beim Verb auf drei unterschiedliche Weisen ausgedrückt werden: Die **erste Person** (*ich, wir*) gibt den Sprecher an, die **zweite Person** (*du, ihr*) gibt den Adressaten an, die **dritte Person** bezieht sich auf alle weiteren Personen oder Gegenstände (*er, sie, es*).

**Genus Verbi**: Dazu gehören das **Aktiv** (für normale Aussagesätze) und das **Passiv**: *Peter kocht den Reis – Der Reis wird (von Peter) gekocht.*

## 4.2 Das Substantiv

Substantive werden nach Numerus, Kasus und Genus flektiert.

**Numerus:** Ähnlich wie beim Verb unterscheidet man beim Substantiv zwei Numeri, nämlich **Singular** und **Plural**. Fast alle Substantive bilden den Plural regulär, d. h. flexivisch mittels Pluralallomorphen (s. Kap. 1).

Bei Wörtern mit Nullplural übernimmt zusätzlich der Artikel eine wichtige Numerusfunktion: *der Reifen* vs. *die Reifen*. Daneben gibt es Sonderformen bei fremdsprachlichen Lexemen wie bei *Espresso – Espressi*, *Periodikum – Periodika*, *Schema – Schemata*. Hier besteht häufig die Tendenz der Angleichung an die Pluralbildung der Zielsprache: *Atlas – Atlasse* (neben *Atlanten*), *Komma – Kommas* (neben *Kommata*).

Ausgenommen von der Pluralbildung sind nicht zählbare Konkreta wie z. B. *Milch*, *Wasser* und *Honig*, vor allem aber Abstrakta wie etwa *Liebe*, *Frieden* und *Glück*. Man spricht hier von **Singulariatantum**. Den Gegensatz hierzu bilden **Pluraliatantum** wie *Eltern*, *Ferien* oder *Kosten*, die nur um Plural vorkommen.

**Kasus:** im Deutschen **Nominativ** (wer? / was?), **Genitiv** (wessen?), **Dativ** (wem?) und **Akkusativ** (wen? / was?). Im Vergleich zum Finnischen, das weitaus mehr Kasus unterscheidet, und zum Englischen, das ein sehr reduziertes Kasussystem aufweist bzw. den Kasus mehrheitlich nicht über Deklination markiert, nimmt das Deutsche eine Zwischenposition ein.

Das Deutsche verfügt über drei Deklinationsklassen des Substantivs:

1. **Starke Deklination**: Genitivmarkierung durch {-(e)s}. In diese Klasse gehören alle Neutra und wenige Maskulina: *das Kind – des Kindes, der Lehrer – des Lehrers*.

**2. Schwache Deklination:** Alle Kasus (bis auf den Nominativ) enden auf {-en}. Hierzu gehören die meisten Maskulina sowie Fremdwörter auf *-ant*, *-ent* oder *-ist*: der *Mensch – des / dem / den Menschen*; *Sozialist – Sozialisten*.

**3. Deklination der Feminina**: Die Formen sind endungslos, die unterschiedlichen Kasusformen können lediglich durch den Artikel angezeigt werden: *die Frau* (Nom.) – *der Frau* (Gen., Dat.), *die Frau* (Akk.).

In der Sprachgeschichte lassen sich zahlreiche Übergänge zwischen den Deklinationsklassen nachweisen. So wechselte der *Hahn* von der schwachen in die starke Klasse: mhd. *der hane, des hanen, die hanen* > nhd. *der Hahn, des Hahns, die Hähne*. Auch heute gibt es zahlreiche solcher Schwankungsfälle wie etwa bei *der Bär* (*des Bärs* vs. *des Bären*).

Zudem lassen sich einige Wörter belegen, die sich in keine der genannten Deklinationsklassen einordnen lassen, sondern Eigenschaften sowohl der starken als auch der schwachen Deklination aufweisen und deshalb gelegentlich als **gemischte Deklination** (auch: unregelmäßige Deklination) bezeichnet werden. Hierzu gehören Wörter wie *Herz*, *Name* oder *Buchstabe*: *der Name* (Nom.), *des Namens* (Gen.), *dem Namen* (Dat.), *den Namen* (Akk.).

**Genus:** Das grammatische Geschlecht; wir unterscheiden im Deutschen zwischen **Maskulinum** (männlich), **Femininum** (weiblich) und **Neutrum** (sächlich). Es ist wichtig, das grammatische Geschlecht vom biologischen Geschlecht (Sexus) abzugrenzen, da es hier keine Eins-zu-eins-Entsprechung gibt. Zwar fallen etwa bei *der Mann* und *die Frau* das grammatische und das biologische Geschlecht zusammen, bei Beispielen wie *die Tür*, *der Tisch* oder *das Mädchen* ist dies allerdings nicht der Fall, da die Referenten von *Tür* und *Tisch* kein biologisches Geschlecht aufweisen und der Referent von *Mädchen* ein feminines biologisches Geschlecht besitzt.

Obwohl jedes Substantiv genau ein Genus aufweist, gibt es Wörter, die mehrere Genera haben können, welche dann bedeutungsunterscheidend sind: z. B. *die Kiefer* vs. *der Kiefer*, *das Tor* vs. *der Tor*. Zudem lassen sich Schwankungsfälle bei der Genuszuweisung beobachten, die häufig Fremd- und Lehnwörter betreffen: z. B. *der/das Virus*, *der/das Blog*.

Anders als Kasus und Numerus ist das Genus fest an das Lexem gebunden und variiert nicht aufgrund der Verwendungsweise.

## 4.3 Das Adjektiv

Das Adjektiv stellt insofern eine Besonderheit dar, als sich seine Flexionseigenschaften nach dem Substantiv richten, auf das es sich bezieht. Man spricht hier von **Kongruenz**, d. h. Adjektive (sowie Artikel) kongruieren mit dem Substantiv hinsichtlich Numerus, Kasus und Genus.

> *Das schöne* (Numerus: Sing., Kasus: Nom., Genus: Neutr.) *Auto*.
> *Des schönen* (Numerus: Sing., Kasus: Gen., Genus: Neutr.) *Autos*.
> *Die schönen* (Numerus: Pl., Kasus: Nom., Genus: Neutr.) *Autos*.

Da sich die Flexionseigenschaften des Adjektivs in **Numerus, Kasus und Genus** nach dem Bezugssubstantiv richten, sollen sie hier – anders als beim Substantiv (vgl. Kap. 4.2) – nicht separat voneinander betrachtet werden. Man unterscheidet beim Adjektiv zwischen **drei Deklinationsklassen**. Genau wie beim Substantiv spricht man von starker, schwacher und gemischter Deklination:

1. **Starke Deklination**: Die starke Deklination tritt auf, wenn dem Adjektiv kein Artikelwort vorangeht, weshalb das Adjektiv die Deklination formal stärker markieren muss. Auch nach bestimmten Begleitpronomen wie z. B. *manch*, *solch* oder *welch* erfolgt die starke Deklination. Als Endungen kommen {-e}, {-en}, {-em}, {-er} und {-es} vor. Für den Nominativ Singular und Plural ergeben sich folgende Formen: *kalter Regen*, *kalte Butter*, *kaltes Essen*, *kalte Zimmer.*

2. **Schwache Deklination**: Adjektive werden dann schwach flektiert, wenn ihnen der bestimmte Artikel (*der*, *die*, *das*) oder Begleitpronomen wie *dieser*, *jener*, *mancher*, *solcher*, *welcher* vorangehen. Als Endungen kommen {-e} und {-en} vor: *der kalte Regen*, *die kalte Butter*, *das kalte Essen*, *die kalten Zimmer.*

3. **Gemischte Deklination**: Sie tritt nach dem unbestimmten Artikel (*ein*, *eine*) sowie nach Possessivpronomen (*mein*, *dein*, *unser* etc.) auf. Die gemischte Deklination umfasst im Singular sowohl Eigenschaften der starken als auch der schwachen Deklination: *ein kalter Regen*, *eine kalte Butter*, *ein kaltes Essen*, *meine kalten Zimmer.*

Die drei Deklinationsklassen zeigen eine Tendenz zur **Monoflexion**, d. h. die Flexionseigenschaften werden in der Nominalphrase (Artikel, Adjektiv und Substantiv) hauptsächlich nur an einem Wort formal ausgedrückt und verhalten sich so ‚arbeitsteilig'.

Was die Deklination der Adjektive von anderen nominalen Wortarten unterscheidet, ist die Fähigkeit zur Steigerung, auch **Komparation** genannt. Es gibt hier **drei Steigerungsstufen**: **Positiv** (Grundform des Adjektivs: *groß*), **Komparativ** (erste Steigerungsstufe: *größer*), **Superlativ** (höchste Steigerungsstufe: (*am*) *größten*).

Positiv, Komparativ und Superlativ stellen also Vergleichsformen dar: ein Referent x ist beispielsweise *größer* als ein Referent y. Bisweilen kann ein absoluter Superlativ auftreten, der so genannte **Elativ**, der ohne Vergleich auskommt: *beste Grüße* (ohne den Vergleich zu *guten* und *besseren Grüßen*). Auch gibt es Adjektive, die nicht steigerbar sind, meist aus semantischen Gründen: z. B. *tot* (**toter*, **am totesten*), *einzig* (**einziger*, **einzigster*), *nackt* (**nackter*, **am nacktesten*).

## 4.4 Artikelwörter und Pronomen

In Kapitel 3.3 wurden bereits die wichtigsten Artikel und Subklassen von Pronomen eingeführt. Sie werden nach **Numerus**, **Kasus** und **Genus** (und Pronomen teilweise auch nach **Person**) flektiert, die – ähnlich wie bei den Adjektiven (vgl. 4.3) – hier sinnvollerweise zusammen betrachtet werden.

Zu den **Artikelwörtern** gehören sowohl der bestimmte als auch der unbestimmte Artikel, die beide ein Substantiv ‚begleiten': z. B. *der Mann*, *eine Frau*. Dagegen können **Pronomen** – bis auf die Personal- und Reflexivpronomen – sowohl als Begleiter als auch als Stellvertreter fungieren. Dazu gehören:

a. **Personalpronomen** wie *ich*, *du*, *unser*, *euer*, *ihrer*, *ihnen*. Wie in Kap. 2.1 bereits angedeutet, handelt es sich bei

Personalpronomen um Personaldeiktika, da es stets kontextabhängig ist, auf wen oder was sie referieren.

b. **Reflexivpronomen**: Das eigentliche Reflexivpronomen *sich* gibt es nur im Akkusativ und Dativ der dritten Person, im Nominativ wird es nicht flektiert:

| | 1. Person | 2. Person | 3. Person |
|---|---|---|---|
| Dativ | *mir*<br>(*uns*) | *dir*<br>(*euch*) | ***sich***<br>**(*sich*)** |
| Akkusativ | *mich*<br>(*uns*) | *dich*<br>(*euch*) | ***sich***<br>**(*sich*)** |

c. **Demonstrativpronomen** wie *dieser*, *diese* und *dieses* haben Zeigefunktion, d. h. sie verweisen auf Dinge in der Welt. Sie können als Begleiter auf ein Substantiv verweisen (*Dieser Mantel gehört mir*) oder aber als Stellvertreter fungieren (*Dieser ist grau*). Auch der bestimmte Artikel kann als Demonstrativpronomen verwendet werden, den Unterschied zeigt die Betonung: *„Ist das der Mann?“* – *„Nein, es ist der.“*

d. **Possessivpronomen**: Possessivpronomen zeigen den Besitz oder die Zugehörigkeit von etwas an (*Das ist mein Buch.*). Zu ihnen gehören: *mein*, *dein*, *sein/ihr/sein* (Singular) und *unser*, *euer*, *ihr* (Plural). Dabei liegen die gleichen Flexionsendungen vor wie beim unbestimmten Artikel.

e. **Interrogativ-, Indefinit- und Relativpronomen**: Interrogativpronomen werden in Fragesätzen (W-Fragen) verwendet und können sowohl als Begleiter (*Wessen Haus ist das?*) als auch als Stellvertreter (*Wer spielt im Garten?*) auftreten. Mit Indefinitpronomen nimmt man auf eine unbestimmte Menge von Gegenständen, Anzahl von Personen ec. Bezug. Man unterscheidet zwischen flektierbaren (*alle*, *kein(e)*, *jemand*, *niemand*) und unflektierbaren (*etwas*, *man*) Indefinitpronomen. Sie können als Begleiter (*Alle*

*Vöglein sind schon da*) sowie als Stellvertreter (*Ich habe alle im Garten gesehen*) fungieren. Relativpronomen wie *der*, *die*, *das*, *welcher*, *was* leiten Nebensätze ein und stellen einen Bezug zwischen Nebensatz und übergeordnetem Satz her (*Das Auto, das vor der Tür steht, gehört mir*). Sie erfüllen meist Stellvertreterfunktion, können aber auch als Begleiter zum Einsatz kommen, etwa wenn sie zusammen mit dem Bezugssubstantiv die Nominalphrase des übergeordneten Satzes näher bestimmen (*Das Fahrrad, dessen Reifen aufgestochen sind, steht da drüben.*).

## Zusammenfassung

Die Wortarten des Deutschen lassen sich dahingehend unterscheiden, ob sie flektierbar oder nicht flektierbar sind. Die flektierbaren Wortarten teilen sich ferner in Konjugation einerseits und Deklination andererseits auf. Konjugierbar sind Verben, deklinierbar sind die nominalen Wortarten Substantiv, Adjektiv, Artikelwort und Pronomen.

Zu den Flexionskategorien des Verbs gehören: Tempus, Modus, Numerus, Person und Genus Verbi. Zu den Flexionskategorien der nominalen Wortarten gehören Numerus, Kasus und Genus sowie teilweise Person beim Pronomen. Beim Adjektiv besteht die Besonderheit darin, dass sich die grammatischen Eigenschaften nach dem Bezugssubstantiv richten, d. h. sie kongruieren mit dem Substantiv hinsichtlich Numerus, Kasus und Genus. Außerdem kommt die Steigerbarkeit, die so genannte Komparation, hinzu. Bei Pronomen ist dahingehend zu unterscheiden, ob sie als Begleiter oder Stellvertreter von Substantiven fungieren.

Weiterführende Literatur: z. B. Simmler (1998), Boettcher (2009), Thieroff/Vogel (2009), Eisenberg (2013), Hentschel/Weydt (2013), Vogel/Sahel (2013), Elsen (2014), Duden (2016), Imo (2016).

## Fragen und Aufgaben

1. Bestimmen Sie die Flexionseigenschaften der unterstrichenen Verben:
   a. *Am Anfang stand das Wort.*
   b. *Er sagt, er werde die Aufgabe nicht lösen.*
   c. *Übermorgen werde ich das Fahrrad repariert haben.*
2. Bestimmen Sie Numerus, Kasus und Genus der unterstrichenen Substantive:
   a. *Die Kinder essen den Pudding aus der Schüssel.*
   b. *Das Nilpferd liegt in dem Käfig der Elefanten.*
3. Handelt es sich bei den folgenden Beispielen um die starke, schwache oder gemischte Deklination der Substantive?
   a. *den Kandidaten* (Akk.)
   b. *des Stuhls* (Gen.)
4. Bestimmen Sie die Stellung und die Deklinationsklasse der unterstrichenen Adjektive:
   a. *Das frische Brot schmeckt hervorragend.*
   b. *Der neue Präsident hat ein schönes Büro.*
   c. *Kühle Säfte und kalte Platten mit Forelle blau gibt es auf der Feier.*
5. Erläutern Sie Typ und Gebrauch der unterstrichenen Pronomen näher:
   a. *Welches Seminar besuchst du?*
   b. *Dieses Buch habe ich schon gelesen.*
   c. *Den Stift habe ich in meiner Tasche gefunden.*

# 5 Wortbildung

Der Begriff *Wortbildung* ist prozessual und dynamisch zu verstehen – er umfasst einerseits **Einheiten** und **Prozesse** zur Bildung komplexer Wörter sowie andererseits deren **Produkte**. Gegenstand der Wortbildung sind somit die Struktur komplexer Wörter, ihre einzelnen Bestandteile (Wortbildungsmittel, -einheiten bzw. -elemente) ebenso wie die Art und Weise ihrer Verknüpfung (Wortbildungsprozesse, -typen bzw. -modelle).

Wortbildung dient in erster Linie der Benennung von Gegenständen, Sachverhalten, Ereignissen und Eigenschaften, erfüllt also eine **Nominationsfunktion** (Nomination = Benennung). Lexikalisierte komplexe Bildungen wie *Haustür* oder *Handschuh* sind in den Gebrauchswortschatz eingegangen (Usualismen) und bilden mit monomorphematischen Einheiten wie *Haus* oder *Schuh* das Lexikon einer Sprache. Die Innovation und Dynamik der Wortbildung zeigt sich in der fortgesetzten Bildung von Okkasionalismen und Neologismen zur Füllung neu entstandener lexikalischer Lücken (vgl. Kap. 2.2).

Neben der Bildung neuer Wörter zur Füllung lexikalischer Lücken wird Wortbildung aber auch für **stilistische und textstrukturierende Zwecke** genutzt, beispielsweise, um textstilistische Variationen zu schaffen. Sprecher*innen greifen je nach kommunikativen Rahmenbedingungen (Situation) und Intention (Funktion) auf Wortbildungselemente verschiedener Sach- und Tätigkeitsbereiche (**Wortfelder**) zurück und kombinieren diese zu neuen Benennungseinheiten. In Texten kann Wortbildung demnach semantisch kohärenzstiftend wirken und zusammen mit anderen sprachlichen Ebenen (Syntax etc.) zur Charakterisierung und Klassifizierung von Textsorten beitragen (vgl. Kap. 5.5).

Da Wortbildungsprozesse strukturell-morphologische und/oder semantisch-funktionale Veränderungen umfassen sowie auf bereits vorhandenen Wörtern basieren, ist die Wortbildung somit von benachbarten Phänomenen wie **Bedeutungsverschiebung, Urschöpfung** und **Entlehnung** zu unterscheiden.

Die **synchrone ‚heimische'** (native/indigene) Wortbildungsforschung des Neuhochdeutschen setzt sich zum Ziel, diejenigen nativen Einheiten und Prozesse zu beschreiben und zu analysieren, die heute zur Bildung neuer Wörter herangezogen werden. Sie grenzt sich so einerseits von der diachronen Wortbildung (vgl. Kap. 7), andererseits aber auch von der Wortbildung mit nicht-heimischen Elementen (vgl. Kap. 5.4) ab. Damit verbunden sind auch Fragen der **Produktivität**. Wortbildungseinheiten und -prozesse, die zu Neubildungen führen, sind produktiv (stark oder schwach), alle anderen unproduktiv. Hier sind allerdings, vor allem auch diachron, graduelle Abstufungen und Übergänge anzunehmen.

## 5.1 Wortbildungseinheiten

**Wurzeln** und **Affixe** sind Kategorien, die sowohl in der Flexion als auch – als Einheiten zur Bildung neuer Wörter – in der Wortbildung eine Rolle spielen. Wie später (vgl. Kap. 6) noch zu zeigen ist, gibt es zwischen Affixen, die der Flexion dienen, und solchen, die zur Bildung neuer Wörter herangezogen werden, zum Teil deutliche Unterschiede.

Daneben gibt es so genannte wortbildungsspezifische Einheiten, nämlich **Affixoide, Fugenelemente** und **Konfixe** (vgl. Kap. 5.4).

### Affixe

Wie in Kapitel 1 bereits erläutert, gelten Affixe, also Präfixe, Suffixe und Zirkumfixe, als gebundene Einheiten, die nicht wort- und basisfähig sind, somit weder frei vorkommen noch mit anderen Affixen kombinierbar sind.

**Präfixe** erscheinen vor einem Wortstamm und spielen bei der Substantiv- und Adjektivbildung nur eine untergeordnete Rolle. Hier verändern sie die Wortart der Basis in der Regel nicht: *Mann* (Substantiv) > *Ex-Mann* (Substantiv); *schön* (Adjektiv) > *unschön* (Adjektiv).

Weitaus differenzierter ausgeprägt ist die **Präfigierung** jedoch bei der Verbbildung, da Präfixe hier wortart- und kategorienverändernd wirken können, d. h. aus Substantiven und Adjektiven werden Verben gebildet: *Holz* (Substantiv/Sache) > *abholzen* (Verb/Tätigkeit); *taub* (Adjektiv/Eigenschaft) > *betäuben* (Verb/Tätigkeit). Auch lassen sich mittels Präfixen Verben aus anderen, bereits bestehenden Verben ableiten: *blühen* (Verb/Vorgang) > *verblühen* (Verb/Vorgang), *gehen* (Verb/Tätigkeit) > *entgehen* (Verb/Vorgang). Diese nicht trennbaren **Präfixverben** sind von den **Partikelverben** zu unterscheiden, die eine Distanzstellung zwischen Partikel und Verb ermöglichen: *umdrehen – Er dreht den Spieß um.*

Anders als die Präfigierung ist die **Suffigierung** bei Substantiven, Adjektiven und Adverbien stärker ausgebaut. Suffixe können aus Verben, Substantiven sowie Adjektiven (1) Substantive und (2) Adjektive bilden und dabei bisweilen die zugrunde liegende Kategorie verändern: (1) *bergen* (Verb/

Tätigkeit) > *Bergung* (Substantiv/Tätigkeit), *Spiel* (Substantiv/Sache) > *Spielchen* (Substantiv/Sache); *schön* (Adjektiv/Eigenschaft) > *Schönheit* (Substantiv/Sache), (2) *essen* (Verb/Tätigkeit) > *essbar* (Adjektiv/Eigenschaft); *Ekel* (Substantiv/Sache) > *ekelhaft* (Adjektiv/Eigenschaft); *viel* (Adjektiv/Eigenschaft) > *vielfach* (Adjektiv/Eigenschaft). Bei der Verbbildung kommen nur wenige heimische Suffixe in Frage, die meisten sind heute unproduktiv oder stark eingeschränkt produktiv: *Frost* (Substantiv/Zustand) > *frösteln* (Verb/Vorgang).

Adverbien nehmen insofern eine Sonderposition ein, als sie vielfach durch Suffixoide (vgl. 3.3) gebildet werden: {-halber} (*anstandshalber*), {-weise} (*massenweise*).

Die **Zirkumfigierung** schließlich stellt eine Kombination aus Prä- und Suffigierung dar. Zirkumfixe sind gebundene Einheiten, die um eine Basis herum positioniert werden. Die wichtigsten wortbildungsbezogenen Zirkumfixe sind {Ge-...-e} zur Bildung von Substantiven (*reden* > *Gerede*), {ge-...-ig} zur Bildung von Adjektiven (*lehren* > *gelehrig*) und {be-...-ig-} zur Bildung von Verben (*Gnade* > *begnadigen*).

### Affixoide

Affixoide (auch: Halbaffixe, Semiaffixe) nehmen eine Zwischenposition zwischen freien Wörtern, d. h. Kompositionsgliedern, und Affixen ein. Man unterscheidet gewöhnlich zwischen **Präfixoiden** ({Bomben-}, {Affen-}, {Sau-}) einerseits und **Suffixoiden** ({-trächtig}, {-werk}, {-arm}) andererseits. Affixoide teilen die Eigenschaft, dass sie sich aus gleichlautenden, frei vorkommenden Wörtern entwickelt haben, jedoch treten sie in ihrer abstrakteren Bedeutung nur gebunden auf. Die Erstglieder in *Bombenparty*, *Affenhitze* und

*Sauladen* tragen hier nicht die Bedeutung der frei vorkommenden Grundmorpheme *Bombe*, *Affe* und *Sau*, sondern übernehmen eine verstärkende (augmentative), also eher kategoriale Funktion (vgl. hierzu ausf. Kap. 7). Dieser Unterschied zeigt sich auch in der Betonung: Präfixoide werden häufig – wie Präfixe – nicht betont (bzw. nebenbetont), Komposita mit den entsprechenden freien Einheiten dagegen schon: z. B. '*Bombenabwurf* (‚Abwurf einer Bombe') vs. *Bomben'abwurf* (‚sehr guter Abwurf').

Ebenso haben sich die Zweitglieder in *geschichtsträchtig*, *Astwerk* oder *kalorienarm* semantisch so weit von ihren gleichlautenden Pendants *trächtig*, *Werk* und *arm* entfernt, dass sie semantisch entkonkretisiert erscheinen und, wie etwa bei {-werk}, ähnliche kollektive Kategorien bilden wie Affixe (z. B. bei {-heit}: *Menschheit*, {-tum}: *Christentum*). Da das semantische Kriterium in diesen Fällen jedoch ein vages darstellt – die Entkonkretisierung des Suffixoids {-arm} lässt sich im Vergleich zu dem freien Adjektiv *arm* nur schwerlich eindeutig bestimmen –, ist die Kategorie Affixoid umstritten und Belege werden alternativ vielfach entweder als Lexeme oder als Affixe klassifiziert (vgl. Elsen 2009, 2014; Michel 2013).

Affixoidbildungen treten bei Substantiven (z. B. {Affen-} in *Affentheater*), Adjektiven (z. B. {grotten-} in *grottenschlecht*, {-arm} in *knitterarm*) und Adverbien (z. B. {-weise} in *tonnenweise*) auf.

### Fugenelemente

Etwa zwei Drittel aller substantivischen Zusammensetzungen (vgl. 5.2.1) werden mit der Nominativ-Singularform des Erstgliedes gebildet, d. h. ohne verbindendes Element zwischen Bestimmungs- und Grundwort (gelegentlich spricht man auch von der Nullfuge): *Haus+tür*, *Tisch+bein*, *Garten +laube*, *Zimmer+pflanze*.

Die restlichen nominalen Komposita weisen an der ‚Nahtstelle' (Fuge) zwischen Erst- und Zweitglied Elemente auf, die formal vielfach Flexionselementen gleichen, semantisch und funktional aber häufig davon abweichen und deshalb als **Fugenelemente** bezeichnet werden. Es heißt zwar *Bischof+s+konferenz*, obwohl eine Genitivlesart (*‚Konferenz des Bischofs') hier kaum plausibel scheint, da mehrere Bischöfe an der Konferenz teilnehmen. Umgekehrt macht eine Plurallesart bei *Hühn+er+ei* (*‚Ei von Hühnern') wenig Sinn, da das Ei von nur einem Huhn stammt.

Wie bei der morphologischen Baumstruktur im ersten Kapitel schon gezeigt, sollen Fugenelemente hier als zum Erstglied von Komposita gehörig betrachtet werden, da sie zusammen die Kompositionsstammform bilden (vgl. Fuhrhop 1998; zu anderen Optionen vgl. Elsen 2014: 32 ff.).

Je nach Zählung gibt es insgesamt 7 Fugenelemente: -0- (*Haus+0+tür*), -*(e)n*- (*Decke+n+leuchte*), -*ns*- (*Name+ns+tag*), -*ens*- (*Herz+ens+angelegenheit*), -*(e)s*- (*Tag+es+anbruch*), -*er*- (*Kind+er+garten*) und -*e*- (*Hund+e+hütte*). Hinzu kommen die fremdsprachlichen Fugenelemente -*i*- (*Strat+i+graphie*) und -o- (*Spiel+o+thek*).

Je nachdem, ob das Fugenelement eine formale Entsprechung mit Flexionselementen hat, unterscheidet man zwischen paradigmisch und unparadigmisch. Als unparadigmisch gelten feminine Erstglieder mit -*(e)s*- (z. B. *Liebe+s +brief*, aber: Gen. *der Liebe*) sowie einige maskuline Erstglieder mit -*(e)n*- (z. B. *Schwan+en+hals*, aber: Pl. *die Schwäne*, *Mond+en+schein*, aber: Pl. *die Monde*). Letztere stellen Relikte einer alten Flexionsform dar, da die Erstglieder

*Schwan* und *Mond* diachron in andere Flexionsklassen wanderten (vgl. Fuhrhop 1998).

Da Fugenelementen somit keine eindeutige morphologische Funktion zukommt, haben sie keinen Morphemstatus. Fugenelemente übernehmen eher vielfältige sprachsystematische (phonologische, morphologische etc.) und sprachgebrauchsbezogene (diasystematische) Funktionen wie etwa die Markierung von Morphemgrenzen bei komplexen Komposita (*Stück+0+zahl* vs. *Frühstück+s+ei*) oder die varietätenbezogene Bildung von Kompositionsstammformen, z. B. *kinder-* (Standardsprache) vs. *kindes-* (Sprache des Rechts) (vgl. Michel 2009 a; Nübling/Szczepaniak 2009). Gelegentlich tritt Fugenbildung auch bei der Derivation auf: *frühling+s+haft*, *held+en+haft*, *Christ+en+tum*.

## 5.2 Wortbildungsarten

Unter **Wortbildungsart** (auch: Wortbildungsmuster, -modell) fasst man ein „morphologisch-syntaktisch und lexikalisch-semantisch bestimmtes […] Strukturschema, das sich bei der Analyse gleichstrukturierter morphosemantisch motivierter Wortbildungen ermitteln lässt […]“ (Fleischer/Barz 2012: 68). Es handelt sich also um Muster, die abhängig von der Wortart zur Bildung neuer Wörter angewendet werden.

Die folgenden Wortbildungsarten lassen sich wortartübergreifend belegen:

1. **Komposition** (auch: Zusammensetzung): Darunter versteht man die Verknüpfung von mindestens zwei Morphemen zu einem Wort. Es kann sich dabei um freie Morpheme oder um gebundene Morpheme wie **unikale Morpheme/Einheiten** (z. B. *Brom-* in *Brombeere*) oder **Kon-**

**fixe** (vgl. 5.4) handeln. Komposita bestehen unmittelbar aus einem **Erstglied** und einem **Zweitglied**, welche selbst wiederum morphologisch komplex sein können.

Je nach zugrunde liegendem semantischem Verhältnis zwischen Erst- und Zweitglied lassen sich folgende Haupttypen der Komposition unterscheiden:

a. **Determinativkomposita**: Sie bilden den Großteil der deutschen Komposita. Die beteiligten Kompositionsglieder lassen sich semantisch in Bestimmungswort (auch: Determinans) und Grundwort (auch: Determinatum) unterteilen: Beim **Bestimmungswort** handelt es sich um das semantisch näher bestimmende (Erst-)Glied, das **Grundwort** (Zweitglied) dagegen legt die semantische Klasse des Kompositums fest. Zwischen Erst- und Zweitglied besteht also ein determinatives semantisches Verhältnis.

> Nomen: *Haustür* (Grundwort: *Tür*, spezifiziert durch Bestimmungswort *Haus*)
> Adjektiv: *mausgrau* (Grundwort *grau*, farblich spezifiziert durch Bestimmungswort *Maus*)

b. **Kopulativkomposita**: Anders als bei Determinativkomposita besteht bei Kopulativkomposita, wo zwei Kompositionsglieder der gleichen Wortart miteinander verknüpft werden, kein determinatives, sondern ein gleichrangiges (auch: koordinierendes) semantisches Verhältnis. Die Position der Kompositionsglieder wäre somit austauschbar: *Hähnchen süßsauer* schmeckt genauso wie *Hähnchen sauersüß*. Bei den meisten Belegen hat sich allerdings nur eine Form durchgesetzt.

Nomen: *Spieler-Trainer* (*Spieler* + *Trainer*)
Adjektiv: *süßsauer* (*süß* + *sauer*)

2. **Explizite Derivation**: Dabei handelt es sich um Ableitung mittels Affigierung, bei der an den Wortstamm Präfixe, Suffixe oder Zirkumfixe geheftet werden und so neue Wörter entstehen.

Verb: *verschlafen*
Nomen: *Erzbischof*, *Schönheit*, *Gelache*
Adjektiv: *unschön*, *kindisch*, *unglaublich*
Adverb: *feiertags*

Vor allem Suffixe übernehmen dabei die Funktion, die dem Grundwort im Kompositum zukommt: Sie legen die semantische Klasse sowie die Wortart fest und bestimmen die Flexionseigenschaften des komplexen Wortes. Wir haben dies im ersten Kapitel schon als Kopf-rechts-Prinzip kennengelernt.

Auf die explizite Derivation kommen wir ausführlich in Kapitel 6 zu sprechen, wenn wir sie von der Flexion abgrenzen. Bei der **impliziten Derivation** entstehen neue Wörter durch Vokalwechsel (z. B. Ablaut): *werfen* – *Wurf*, *trinken* – *Trunk*.

3. **Konversion**: Bei der Konversion werden Wörter ohne Affixe in eine andere Wortart umgesetzt (auch: transponiert). Man unterscheidet zwischen syntaktischer Konversion einerseits und morphologischer Konversion andererseits: Bei der **syntaktischen Konversion** bleibt das Flexionselement der Basis in der neuen Wortart erhalten (*essen* > das *Essen*). Bei der **morphologischen Konversion**

werden Wortstämme in unterschiedliche Wortarten umgesetzt.

> Verb: *Fisch* > *fischen*
> Substantiv: *kaufen* > *der Kauf*
> Adjektiv: *ausgezeichnet* (Partizip II) > *ausgezeichnet* (Adjektiv)

### 5.2.1 Wortbildung des Substantivs

Die Wortbildung des Substantivs weist eine große Vielfalt an Kompositions- und Derivationsmustern auf. Bei der **Komposition**, also der Verbindung zweier oder mehrerer Morpheme, dominieren Determinativkomposita mit substantivischen Erstgliedern (*Haustür*).

Weitere Kompositionsarten sind:

- **Kopulativkomposita** vom Typ *Fürstbischof.*
- **Rektionskomposita** vom Typ *Romanleser.* Hier fungiert das Erstglied als Ergänzung eines deverbalen Zweitglieds, d. h. es besetzt die Leerstelle des zugrunde liegenden Verbs (hier die Objektergänzung von *lesen*).
- **Possessivkomposita** vom Typ *Langbein.* Das Determinatum wird sprachlich nicht ausgedrückt, vielmehr ist die Bildung metonymisch zu interpretieren: Ein *Langbein* ist kein ‚langes Bein', sondern ‚ein Mensch mit langen Beinen'.
- **Determinativkomposita mit anderen Wortarten als Erstglied** (Verb: *Spielburg*, Adjektiv: *Kurzgeschichte*, Adverb: *Außentemperatur* etc.).
- **Verdeutlichende Komposita** vom Typ *Einzelindividuum.* Beide Kompositionsglieder sind semantisch gleich oder ähnlich.

- **Reduplikationskomposita** vom Typ *Wirrwarr*. Die Kompositionsglieder (gelegentlich mit Vokalalternanz) werden hier verdoppelt.

Die **explizite Derivation** wird im Bereich der **Suffigierung** durch eine Fülle von produktiven und unproduktiven, heimischen sowie nicht heimischen Suffixen repräsentiert. Zu den produktiven heimischen Suffixen gehören etwa {-er} (*Lehrer*) und {-ung} (*Heilung*) sowie einige Elemente zur Bildung von Verkleinerungsformen (auch: Diminution), z. B. {-chen}: *Kindchen*, und Geschlechtsbezeichnungen (auch: Movierung), z. B. {-in}: *Lehrerin*. Schwach produktiv oder unproduktiv sind dagegen z. B. die Suffixe {-el} (*Ärmel*) und {-sal} (*Trübsal*). Zu den produktiven Fremdsuffixen gehören z. B. {-ismus} (*Kapitalismus*) und {-ität} (*Naivität*), wobei Fremdsuffixe nicht selten in Konkurrenz zu heimischen Suffixen stehen (*Absurdität* vs. *Absurdheit*).

Im Vergleich zur Suffigierung ist die **Präfigierung** im Bereich der substantivischen Wortbildung relativ gering ausgeprägt. Die vorwiegend zur (1) Steigerung und (2) Verneinung (auch: Negation) verwendeten Präfixe lassen sich ebenso wie die Suffixe in heimische und nicht heimische Einheiten einteilen: (1) {Erz-} (*Erzfeind*), (2) {Un-} (*Undank*), {Anti-} (*Antiheld*).

Bei der **Konversion** unterscheiden wir im Wesentlichen die deadjektivische (*alt* > *das Alte*) und die deverbale, wobei sich Letztere in die Verbstammkonversion (*blicken* > *der Blick*) und die Infinitivkonversion (*diskutieren* > *das Diskutieren*) aufteilen lässt.

Weitere Wortbildungsarten des Substantivs sind:

- **Kurzwortbildung**, bei der morphologisch komplexe Komposita oder syntaktische Wortgruppen in den meisten Fällen auf einen zusammenhängenden Bestandteil (*Universität* > *Uni*) oder die Anfangsbuchstaben (*Lastkraftwagen* > *LKW*, *Zweites Deutsches Fernsehen* > *ZDF*) gekürzt werden (vgl. Michel 2006)

- **Zusammenbildung** (*Dreimaster*, *Dickhäuter*), bei der die beteiligten Prozesse weder als Derivation (**Dreimast* + {-er}, **Dickhaut* + {-er}) noch als Komposition (*Drei* + **Master*, *Dick* + **Häuter*) klassifiziert werden können (vgl. Leser 1990)
- **Zusammenrückung**, bei der syntaktisch benachbarte Wörter zu einem einzigen Wort kombiniert, ‚zusammengerückt' werden (*das Vergissmeinnicht*, *der Tunichtgut*)
- **Wortkreuzung** (auch: Kontamination, Blend), bei der zwei oder mehrere Wörter zu einem neuen Wort verschmelzen (*Kurlaub* < *Kur* + *Urlaub*, *Brunch* < *Breakfast* + *Lunch*)

### 5.2.2 Wortbildung des Adjektivs

Beim Adjektiv kommen hauptsächlich die Komposition, explizite Derivation, Konversion und Zusammenbildung zum Einsatz, im Vergleich zur substantivischen Wortbildung fehlen aber die Kurzwortbildung und die implizite Derivation. Nur eine geringe Rolle spielen darüber hinaus die Wortkreuzung (*tragikomisch* < *tragisch* + *komisch*), die Zusammenrückung (*nudelessend*) und die Rückbildung (Affixe werden weggelassen bzw. verändert, gleichzeitig findet ein Wortartwechsel statt: *rückversichert* < *Rückversicherung*).

Die **Komposition** des Adjektivs ist – ebenso wie die des Substantivs – dadurch gekennzeichnet, dass unterschiedliche Wortarten als Erstglied erscheinen können. Die wichtigsten sind: 1. Substantiv (*arbeitsunfähig*), 2. Adjektiv (*schwerverletzt*) und 3. Verb (*treffsicher*). Neben den häufigen Determinativkomposita lassen sich vor allem einige wenige Kopulativkomposita (*süß-sauer*, *schwarz-weiß*), seltener Reduplikativkomposita (*ruckzuck*) nachweisen.

Bei der **expliziten Derivation** zeigen sich produktive heimische **Suffixe** wie {-bar} (*essbar*) und {-lich} (*kindlich*); produktive Fremdsuffixe sind etwa {-abel} (*diskutabel*), das häufig mit {-bar} (*diskutierbar*) konkurriert, sowie {-ös} (*graziös*), das mit {-haft} (*grazienhaft*) oder {-ig} (*porös – porig*) alterniert. Daneben haben sich zahlreiche Suffixoide herausgebildet, etwa {-frei} (*alkoholfrei*) oder {-los} (*hoffnungslos*), die sich in einigen Verbindungen von ihren freien Pendants semantisch unterscheiden.

Die **Präfigierung** ist bei der adjektivischen Wortbildung noch geringer ausgeprägt als bei der substantivischen. Einigen heimischen Präfixen wie {miss-} (*missgestimmt*) oder {un-} (*unverkennbar*) stehen Fremdpräfixe wie {in-} (*inaktiv*) oder {post-} (*postoperativ*) gegenüber.

Das **Zirkumfix** {ge-...-ig} findet sich in Bildungen wie *gefräßig* oder *geläufig*.

Erwähnenswert ist bei der Wortbildung des Adjektivs auch die **Affixoidbildung**. Sie führt mittels Prä- (z. B. {scheiß-} in *scheißegal*, {riesen-} in *riesengroß*) und Suffixoiden (z. B. {-arm} in *kalorienarm*, {-trächtig} in *geschichtsträchtig*) produktiv zu zahlreichen Neubildungen.

Hinsichtlich der **Konversion** werden Adjektive desubstantivisch (*die Angst* > *angst*) und deverbal gebildet, wobei hier neben der Verbstammkonversion (*starren* > *starr*) insbesondere die departizipale Konversion (*aufgeweckt* > *aufgeweckt*: *ein aufgeweckter Junge*) von Bedeutung ist.

### 5.2.3 Wortbildung des Adverbs

Die Wortbildungsmöglichkeiten des Adverbs sind deutlich eingeschränkter als die des Substantivs, Adjektivs und Verbs (vgl. Kap. 5.2.4). Produktiv genutzt wird neben der Komposition lediglich die Zusammenrückung sowie die Suffixoidbildung. Von Suffigierung (z. B. {-dings} in *neuerdings* oder {-wärts} in *himmelwärts*) und Konversion (*Heim* > *heim*, *Abend* > *abends*) wird dagegen kaum produktiv Gebrauch gemacht.

Bei der **Komposition** überwiegen Komposita mit *-her* und *-hin* (*dorther*; *dorthin*) sowie Präpositionaladverbien als Zweitglied (*dabei*, *voran*).

Zur **Zusammenrückung** gehören Bildungen wie *allerhand*, *immerzu* oder *zuguterletzt*.

Von den zahlreichen produktiven **Suffixoiden** lassen sich insbesondere {*-weise*} (*auszugsweise*), {*-maßen*} (*bekanntermaßen*) oder {*-halber*} (*interessehalber*) hervorheben.

### 5.2.4 Wortbildung des Verbs

Die Bildung des Verbs unterscheidet sich fundamental von der Bildung der bisher behandelten Wortarten, was hier mit der engen Wechselwirkung zwischen Syntax und Wortbildung zusammenhängt. Zahlreiche trennbare Verben etwa führen zu einer Distanzstellung von Verb und Verbzusatz im Satz. Demnach ist die Präfigierung bei Verben wesentlich stärker und variantenreicher ausgeprägt als Komposition, Suffigierung, Zirkumfigierung und Konversion. Zudem tritt die Rückbildung als Wortbildungsmöglichkeit stärker hervor.

Was die **Komposition** anbelangt, lassen sich vor allem Verbindungen mit substantivischem (*danksagen*), adjektivischem (*fertigstellen*) sowie adverbialem (*hinaufgehen*) Erstglied nennen. Weniger häufig kommen dagegen Verbindungen aus zwei Verben (*liegenlassen*) vor.

Die wenigen **Suffixe**, die bei der **expliziten Derivation** eine Rolle spielen, sind {-ier(en)} (*spionieren*), {-ig(en)} (*festigen*) und {-(e)l(n)} (*blödeln*).

Als **Zirkumfixe** kommen z. B. {be-...-igen} (*begradigen*) oder {ver-...-igen} (*verunreinigen*) vor.

Dem stehen zahlreiche funktional ausdifferenzierte **Partikeln** und **Präfixe** gegenüber, die zu trennbaren sowie nichttrennbaren Verben führen. Ersteres bezeichnet man als **Partikelverbbildung**, Letzteres als **Präfixderivation**. Verbpartikeln (auch: Halbpräfixe, trennbare Präfixe etc.), die trennbare Verben bilden, sind etwa {ab-} (*ablaufen*), {an-} (*an-ziehen*), {auf-} (*aufgehen*) und {zu-} (*zugehen*).

Nicht-trennbare Verben werden dagegen z. B. von folgenden (1) heimischen und (2) nicht-heimischen Präfixen gebildet: (1) {be-} (*besiegen*), {er-} (*erfinden*), {zer-} (*zerstören*), (2) {de(s)-} (*demaskieren*), {in-} (*in-jezieren*) und {re-} (*regenerieren*).

Diese beiden Gruppen werden ergänzt durch Einheiten, die sowohl zweitgliedbetonte Präfixverben als auch erstgliedbetonte Partikelverben erzeugen, so genannte **Partikelpräfixverben**: *durch-* (*durchlaufen*: *Er durch-'läuft das Verfahren / Er läuft 'durch den Wald*), *um-* (*umfahren*: *Sie um-'fährt das Hindernis / Sie fährt den Mann 'um*) und *hinter-* (*hintergehen*: *Sie hinter-'gehen ihren Chef / Sie gehen 'hinter ihrem Chef*).

Bei der **Konversion** werden Verben aus substantivischen (*Räder* > *rädern*) und adjektivischen (*krank* > *kranken*) Basen gebildet.

Die **implizite Derivation** ist bei der Verbbildung heute nicht mehr produktiv und findet sich nur noch in einigen wenigen Bewirkungsverben (auch: kausativen Verben), *trinken > tränken, fallen > fällen, sinken > senken.*

Produktiver scheint dagegen die **Rückbildung**, die Verben aus tätigkeitsbezeichnenden Nomen (auch: Nomina actionis, *Notladung > notlanden*), personenbezeichnenden Nomen (auch: Nomina agentis, z. B. *Kurpfuscher > kurpfuschen*) und zusammengesetzten Partizipien II mit substantivischem oder adjektivischem Erstglied durch die Tilgung von Suffixen (*zweckentfremdet > zweckentfremden*) bildet.

## 5.3 Wortbildung im Sprachsystem

Die theoretische und methodische Herangehensweise an Fragen und Probleme der Wortbildung ist traditionell primär sprachstrukturell bzw. sprachsystematisch geprägt. Im Vordergrund steht das Interesse an der Charakterisierung und Beschreibung des Sprachsystems, der Langue im Saussure'schen Sinne. Ziel ist es, einerseits allgemeingültige Muster und Regeln zu bestimmen, die zum grammatischen Kenntnis- und Kernsystem gehören, sowie andererseits lexikalisch und morphologisch abgespeicherte Einheiten (Inventar an Lexemen und Morphemen) möglichst präzise zu erfassen.

Dabei beziehen sich **graphematische Fragestellungen** etwa auf die Zusammen- und Getrenntschreibung (*leer stehen* vs. *leerstehen*), die Schreibung mit oder ohne Bindestrich (*Schönheitsoperation* vs. *Schönheits-Operation*), Groß- und Kleinschreibung (*das Inkraftsetzen* vs. *das In-Kraft-Setzen*), Binneninterpunktion (*bahn.comfort*) sowie Einzelprobleme wie die Schreibung von Kurzwörtern (*FAZ* vs. *Faz*) oder onymischen Zusammensetzungen, d. h. solche mit Eigennamen als Kompositionsglied (*Goethejahr* vs. *Goethe-Jahr*).

Die **Phonologie** spielt dann eine Rolle, wenn phonologische Eigenschaften wie etwa Betonung, Intonation oder silbenstrukturelle Fragen im Zentrum stehen. So setzen einige Affixe bestimmte phonologische Eigenschaften der Stämme voraus, an die sie sich heften. Die Verteilung der Suffixvarianten *-heit* (*Schönheit*), *-keit* (*Sauber-keit*) und *-igkeit* (*Festigkeit*) beispielsweise ist strikt silbenstrukturell (phonotaktisch) geregelt, ebenso wie die *i*-Suffigierung, die Substantive als Kosewörter (überwiegend Eigennamen) erzeugt und zu einem trochäischen Muster führt: *Klinsmann* > *klin.si* (vgl. Féry 1997).

Insbesondere innerhalb der Fremdwortbildung (vgl. 5.4) kommt es zu Abweichungen von üblichen phonotaktischen Mustern des Deutschen.

Die Analyse des Zusammenwirkens zwischen Wortbildung und **Syntax** hat eine lange Tradition und versucht in erster Linie Satzstrukturregeln auf Wortstrukturregeln zu übertragen und eine Art Wortsyntax zu postulieren. Damit einher geht auch die Frage nach der Verortung der Wortbildung: Gehört sie zur Syntax oder stellt sie ein Teilmodul des Lexikons dar? Gerade die transformationalistisch ausgerichtete Forschung sieht eine Parallele zwischen Satzstrukturen und den Strukturen komplexer Wörter.

Neben der Wortbildungsart Zusammenrückung werden auch die so genannten Phrasenkomposita als Schnittstellenphänomen zwischen Syntax und Morphologie bzw. Lexikon betrachtet. Es stellt sich dabei die Frage, ob die Erstglieder von Bildungen wie *Heile-Welt-Gerede* oder *„Flasche-leer"-Trapattoni* Lexeme oder syntaktische Phrasen darstellen (vgl. Hein 2015).

Eine ebenfalls viel diskutierte Verbindung besteht zwischen Wortbildung und **Semantik** insbesondere bei der

Beschreibung semantischer Strukturen und semantischen Wissens: Reicht es aus, die Kernbedeutung von Wortbildungsprodukten anzugeben, wobei hier vom Sprachgebrauch zu abstrahieren ist, oder müssen ko- und kontextuelle Einflüsse ebenfalls berücksichtigt werden? Wie genau sieht eine (formal-strukturelle? prototypenbasierte?) Bedeutungsbeschreibung aus? Lassen sich Wortbildungsprodukte überhaupt semantisch kompositionell erschließen und welchen Bedeutungsanteil steuert der jeweilige Wortbildungsprozess bei? Die Spanne der unterschiedlichen Herangehensweisen reicht von der Annahme stark formalistischer Argumentstrukturen über die Angaben semantischer Grundrelationen bis hin zu der Auffassung, dass je nach Ko- und Kontext unterschiedliche Interpretationen ein- und desselben Wortbildungsprodukts möglich sind (vgl. Michel/Tóth 2014). Das mittlerweile schon legendäre Beispiel *Fischfrau* lässt demnach mindestens sieben Interpretationen zu (vgl. Heringer 1984): 1. ‚Frau, die Fisch verkauft'; 2. ‚Frau eines Fisches'; 3. ‚Frau, die Fisch isst', 4. ‚Frau, die Fisch produziert'; 5. ‚Frau, die kühl wie ein Fisch ist'; 6. ‚Frau, die den Fisch gebracht hat' und 7. ‚Frau, die bei dem Fisch steht'.

Die **Lexikographie** ist für die Wortbildungsforschung insofern relevant, als sie sich grundsätzlich mit der Frage auseinandersetzt, welche Wortbildungseinheiten und -produkte in einem (elektronischen) Wörterbuch verzeichnet werden sollen (gehören z. B. Affixe in ein Wörterbuch?), wie die Verschlagwortung (auch: Lemmatisierung) im Einzelnen beschaffen ist (müssen z. B. Affixoide gesondert lemmatisiert oder lediglich als weitere Lesart eines Eintrages ausgewiesen werden?), welche Komponenten die Bedeutungsparaphrasen enthalten sollen und ab wann Neologismen den Status von Usualismen annehmen (vgl. Klosa 2013). Letzteres ist ein wichtiges Kriterium, um Einheiten des Sprachinventars von Einheiten, die Produkte kreativen Sprachgebrauchs darstellen, abzugrenzen.

## 5.4 Wortbildung im Sprachgebrauch

Neuere Ansätze der Wortbildungsforschung ergänzen die unter 5.3 skizzierten sprachstrukturellen Beobachtungen durch eine stärkere Fokussierung des Sprachgebrauchs. Im Zentrum steht die Frage, wie Wortbildungseinheiten und -arten diasystematisch, d. h. mit Bezug auf das Varietätenspektrum, variieren. Antworten liefert ein Blick auf entsprechende Problem- und Fragestellungen, weshalb die Interaktion der Wortbildung mit unterschiedlichen Sprachgebrauchsdisziplinen wie Stilistik, Pragmatik, Soziolinguistik, Textlinguistik, Gesprächslinguistik und kognitive Linguistik (vgl. Elsen/Michel 2009, 2011) im Folgenden beleuchtet wird.

Wie bereits erwähnt, dient Wortbildung nicht nur dazu, Begriffe für neue Entitäten bereitzustellen, sondern auch Ausdrucksvarianten zu schaffen. Die **Stilistik** beschäftigt sich mit der Art und Weise der sprachlichen Gestaltung von Texten und untersucht u. a., welche Potenziale der Wortbildung hierzu genutzt werden (können). Dabei geht es um die Charakterisierung von Wortbildungsprodukten, aber auch in besonderem Maße um das stilistische Potenzial von Wortbildungsregeln. Ein bekanntes Beispiel ist die Konkurrenz von Konversion (Nominalisierung von Infinitiven) und Partizipialgefügen in unterschiedlichen Textsorten (z. B. Fachtext- versus Alltagstextsorten): *das Bedienen von Maschinen ist verboten* vs. [...] *ist verboten, Maschinen zu bedienen*).

**Pragmatische Fragestellungen** werden innerhalb der Wortbildungsforschung erst in jüngerer Zeit fokussiert. Es gilt, den Einfluss ko- und kontextueller Faktoren auf das Sprachhandeln zu untersuchen, wie z. B. die Wechselwirkung zwischen Wortbildung und (Lokal-)Deixis (*hinausgehen* vs. *hereinkommen*) oder den Beitrag, den Wortbildung bei der Be- oder Missachtung von Konversationsmaximen leistet. So befolgen viele Kurzwörter die 2. Maxime der Quantität: „Mache deinen Beitrag nicht informativer als nötig“ (vgl. Grice 1993), was somit im Einklang mit dem Kooperationsprinzip in bestimmten Fachkreisen oder sozialen Gruppen steht. Für Außenstehende wird damit allerdings die 1. Maxime der Quantität („Mache deinen Beitrag so informativ wie nötig“) sowie die 1. Maxime der Modalität („Vermeide Dunkelheit des Ausdrucks“) verletzt.

Die Bedeutung der Wortbildung für die Bestimmung von Sprechakten, also auf der Ebene des Äußerungsakts, gehört ebenfalls zum Aufgabenfeld der pragmatisch ausgerichteten Wortbildungsforschung.

Auch die **Soziolinguistik** untersucht das Wechselspiel zwischen Wortbildung und Kontext, berücksichtigt aber in erster Linie soziale Variablen (wie Alter, Geschlecht, Herkunft, Bildung etc.), die als außersprachliche Faktoren den Sprachgebrauch beeinflussen. Für die entsprechenden Varietäten wie Jugend- oder Fachsprache sind jeweils unterschiedliche Wortbildungsarten charakteristisch. Meist gelten grundlegende Wortbildungsregeln für mehrere Varietäten, lediglich der Nutzungsgrad, die Produktivität oder die Frequenz sind unterschiedlich. So grenzt sich etwa die Jugendsprache unter anderem durch die bevorzugte Wahl der Derivation oder Affixoidbildung (z. B. durch die Verwendung von Einheiten wie {-fantös} oder {abge-X-t/n} in *abgespacet*) von Fachsprachen ab, die dagegen stärker von der Wortgruppenlexembildung (z. B. *aktive Daten*, *Balneum Hermal*) Gebrauch machen (vgl. Elsen 2011).

Die **Textlinguistik** stellt seit Langem ein wichtiges Anwendungsfeld der Wortbildung dar. Ein Text wird bestimmt durch Textkohäsion und Textkohärenz, also durch grammatische Strukturen und semantische Netze, sowie durch die Textfunktion. Bei allem hat die geschickte Wahl der Wortbildungsmittel einen entscheidenden Anteil. Rekurrente, also wiederkehrende, Wortbildungselemente und -muster stellen einen intra- und intertextuellen grammatischen Zusammenhang her, etwa wenn bestimmte Affixe, Kurzwörter oder Kompositionsarten in funktional ähnlichen Texten oder innerhalb eines Textes wiederholt vorkommen. Auch sind bestimmte Wortbildungstypen charakteristisch für bestimmte Textsorten. Das heißt, die Textsorte und damit die Sprecherintention haben Auswirkungen auf die verwendeten Wortbildungsmittel und dies wiederum beeinflusst die linguistische Analyse bzw. Textsortenklassifikation (vgl. Stumpf 2018).

Umfangreiche empirische Untersuchungen der **Gesprächslinguistik** dokumentieren die Verteilung von Wortbildungseinheiten und -arten in der gesprochenen Sprache, stellen Frequenzen fest und kontrastieren diese mit der geschriebenen Sprache (vgl. Gersbach/Graf 1984/1985). Das Potenzial der interaktiven Funktion von Wortbildung stand bislang jedoch kaum in größerem Umfang im Mittelpunkt des wissenschaftlichen Interesses. Dabei zeigen einzelne Falluntersuchungen sehr deutlich, dass Wortbildung zur Kohärenz von Gesprächen, zur Verständnissicherung und Profilierung von Gesprächsgattungen, -phasen sowie -rollen, etwa in institutionellen Kontexten, beitragen kann (vgl. Elsen/Michel 2010).

Die **kognitive Linguistik** untersucht kognitive Strukturen und Prozesse bei der Bildung und Verarbeitung von (komplexen) Wörtern, also den Zusammenhang von Sprache und Denken. Sie widmet sich insbesondere der mentalen Konzeptualisierung bei der Bildung von Wörtern und der Kategorisierung von Wortbildungseinheiten und -produkten (vgl. Onysko/Michel 2010). Demnach bietet etwa die Konstruktionsgrammatik eine Möglichkeit, Sonder- und Problemkategorien wie Affixoide, Zusammenbildungen etc. als feste Konstruktionen, d. h. Form-Bedeutungspaare, zu betrachten (vgl. Michel 2013, 2014). Die Prototypentheorie wiederum kann einen Beitrag zu einer dynamischen, empirischen intra- und interkategorialen Ordnung/Struktur leisten, welche die unterschiedliche Gewichtung und Gradierung von Eigenschaften berücksichtigt (vgl. Michel 2006).

Im Vergleich zur traditionellen Wortbildungsforschung, die sich primär für die Wortbildung mit heimischen Elementen interessiert, macht die **Fremd- bzw. Lehnwortbildung** explizit Bildungen mit nicht-heimischen Elementen zu ihrem Gegenstand. In erster Linie geht es um die Kombinierbarkeit von heimischen und nicht-heimischen Elementen, so genannte hybride Bildungen, um die Kombinierbarkeit entlehnter Einheiten innerhalb des Deutschen und generell um strukturelle Einflüsse unterschiedlicher Sprachen (vgl. Müller 2015 a).

In diesen Bereich gehört auch die intensive Debatte der letzten Jahre um den Begriff des **Konfixes**. Belege wie {Geo-}, {Öko-} und {Bio-} einerseits und {-thek} oder {-mat} andererseits stellen nicht-heimische Einheiten dar, die eine Zwischenposition innerhalb der Wortbildungselemente einnehmen: Mit Wörtern teilen sie die Eigenschaft der lexikalisch-begrifflichen Bedeutungsausprägung, mit Affixen ihr gebundenes Vorkommen. Sie verbinden sich mehrheitlich mit Wörtern (*Ökotest*), Affixen (*Thermik*) und anderen Konfixen (*Biologe*), sind also kompositionsglied- und basisfähig. Solche Belege, die nur als Erstglieder fungieren, werden als Präkonfixe bezeichnet und solche, die nur als Zweitelemente erscheinen, als Postkonfixe, wobei einige Belege positionsvariabel sind (z. B. {therm-} in *Thermohose* und {-therm} in *endotherm*) (vgl. Michel 2009 b, Donalies 2011: 12 ff., Elsen 2014: 39 ff.).

## Zusammenfassung

Die Wortbildung dient der Erweiterung des Lexikons. Sie umfasst Wortbildungseinheiten auf der einen und Wortbildungsarten auf der anderen Seite. Zu den wichtigsten Wortbildungseinheiten gehören Wurzeln (lexikalische Grundmorpheme), Affixe, Affixoide, unikale Einheiten und Fugenelemente. Zu den wichtigsten Wortbildungsarten gehören Komposition, (explizite) Derivation und Konversion. Welche Wortbildungseinheiten und -arten produktiv genutzt werden, hängt sehr stark von der jeweiligen Wortart ab. So weist die Substantivbildung ein breites Inventar an Wortbildungsarten auf, die bei der Adverb- und Adjektivbildung teilweise gar nicht (z. B. Kurzwortbildung) oder deutlich eingeschränkter (z. B. Zusammenrückung und -bildung) vorkommen. Bei der Verbbildung dagegen ist die Präfigierung produktiver als bei allen anderen Wortarten.

Traditionell geht es der Wortbildungsforschung darum, Aussagen zum Inventar an Wortbildungseinheiten und

-regeln (Sprachsystem) zu treffen. In jüngerer Zeit verlagert sich der Schwerpunkt indes zu sprachgebrauchsbezogenen Wortbildungsfragen.

Weiterführende Literatur: z. B. Henzen (1965), Simmler (1998), Eichinger (2000), Motsch (2004), Erben (2006), Heringer (2009), Donalies (2011), Fleischer/Barz (2012), Vogel/Said (2013), Elsen (2014), Meibauer (2015), Duden (2016).

## Fragen und Aufgaben

1. Bestimmen Sie im folgenden Gedicht von Paul Maar alle Wortbildungseinheiten und -arten und ordnen Sie Letztere nach Wortarten:

   *Ein Drei-rad und ein Vier-zylinder*
   *Fahrn acht-sam um die Wette.*
   *Das Ganze spielt im tiefen Winter*
   *Und bei immenser Glätte.*

   *Ein Sieben-schläfer, der dies sieht,*
   *Langweilt sich ohne Zwei-fel,*
   *Wird dieses Treibens sehr bald müd'*
   *Und wünscht die zwei zum Deifel.*

   (aus: Paul Maar: Der tätowierte Hund. Hamburg: Oetinger, 1968)

2. Erläutern Sie am Beispiel der Affixoide oder der Konfixe, inwiefern es sich hierbei um problematische Wortbildungskategorien handelt.
3. Zeigen Sie am Beispiel des Kompositums *Hochzeitskleid*, dass Fugenelemente (in der Regel) keine flexivische Funktion erfüllen.

# 6 Flexion versus Derivation

Wir haben uns in den vorigen Kapiteln angeschaut, welche Funktionen Flexions- und Derivationsmorpheme übernehmen und wie sie hinsichtlich der unterschiedlichen Wortarten verteilt sind. Es gibt darüber hinaus noch eine Reihe weiterer Unterschiede, die es uns erleichtern, beide Morphemtypen zumindest tendenziell auseinanderzuhalten. Im Folgenden wollen wir uns mit diesen Unterschieden zwischen Flexion einerseits und Derivation andererseits etwas genauer beschäftigen und sie symptomatisch vergleichend gegenüberstellen (vgl. hierzu ausführlich Dressler 1989, 1996; Nübling 2002).

**Form**: Flexionsmorpheme sind im Vergleich zu Derivationsmorphemen phonologisch kürzer ({-er}, {-(e)s}, {-(e)n} vs. {-lich}, {-keit}, {-ung}) und können auch durch Nullmorpheme realisiert werden. Bei Derivationsmorphemen werden kürzere Formen gelegentlich durch längere ersetzt: *Schenke* > *Schenkung* (von: *schenken*).

Flexionsmorpheme treten syntagmatisch immer hinter Derivationsmorpheme, also an den Wortstamm: *Schönheiten*, *ein mörderisches Angebot*.

**Funktion**: Die Funktion der Flexion besteht in der morphosyntaktischen Abwandlung von Wörtern, d. h. durch bestimmte Wortformen werden sie in syntaktische Umgebungen eingepasst. Die Derivation führt dagegen zur Bildung neuer Wörter und dient der Erweiterung des Lexikons bzw. der Benennung neuer Konzepte.

**Bedeutung**: Flexionsmorpheme weisen eher relational-abstrakte, also grammatische Bedeutung auf, während Derivationsmorpheme eher lexikalisch-begriffliche Bedeutung umfassen. Zudem wirken Flexionselemente kaum auf das Konzept der Basis ein, während Derivationsmorpheme das Konzept der Basis stark beeinflussen. So verändern Pluralmorpheme das Konzept eines Wortes nicht (sondern drücken lediglich die Mehrzahl aus), während etwa Diminutivsuffixe das Konzept der Basis verändern. Bsp.: *Katze – Kätzchen* (‚kleine Katze'). 

**Bedeutungskonstanz**: Bei der Flexion ergibt sich die Bedeutung häufig additiv aus den einzelnen morphologischen Bestandteilen von Wörtern, weshalb hier die Gesamtbedeutung vorhersagbar ist. Beispielsweise wird das Präteritum von schwachen Verben immer durch Dentalsuffix {-te} (*spielen – spielte*) gebildet. Bei der Derivation dagegen finden wir häufig Lexikalisierung vor: *Mädchen*, *Zeitung*.

**Obligatorik:** Bei der Flexion ist die Obligatorik, also die notwendige grammatische Markierung (mit bestimmten grammatischen Morphemen), sehr hoch, da Flexionsmorpheme nicht einfach weggelassen oder ersetzt werden können. Etwa wird der Plural von *Kind* immer mit *-er* gebildet, hier gibt es keine Alternativen. Anders bei der Derivation, denn hier gibt es unterschiedliche Optionen, um Bedeutung auszudrücken: z. B. *Gebirge* durch *mehrere Berge*, *Bergregionen*, *Berglandschaften* etc.

**Reihenbildung/Paradigmatizität:** Reihenbildung, also die Tatsache, dass Reihen von Wörtern dem gleichen Muster unterliegen, ist bei der Flexion stark ausgeprägt, da jedes

Wort (bis auf die nicht flektierbaren) morpho-syntaktisch abwandelbar sein muss. Bei der Derivation ist Reihenbildung dagegen gelegentlich eingeschränkt, etwa durch Blockierung: *Lehrer*, *Spieler*, *Taucher*, aber: **Stehler* (wegen: *Dieb*).

Somit bildet Flexion komplette (und systematische) Flexionsparadigmen aus (hohe Paradigmatizität, vgl. Kap. 4), während Derivation eher Wortbildungsreihen und -nester formiert, die durch Blockierung und Lexikalisierung geprägt und somit lückenhaft sein können (eingeschränkte Paradigmatizität). Auch gibt es Basen, die keine Derivation aufweisen, z. B. *Tisch*: **tischlich*, **tischig*, **tischhaft*.

**Produktivität**: Was für Reihenbildung und Paradigmatizität gilt, gilt auch für Produktivität, da Flexion hochgradig produktiv ist, was man etwa daran erkennen kann, dass Fremd- und Lehnwörter problemlos in das Flexionssystem des Deutschen integriert werden: *surfen – du surfst, ich surfte*; *der Computer – des Computers, die Computer* (Nullplural).

Auch bei der Derivation kann Produktivität vorhanden sein, wir unterscheiden zwischen schwach und stark produktiven Mustern, je nachdem, ob und wie viele Neubildungen von einem Muster belegt sind: Stark produktiv ist etwa das {-bar}-Suffix, z. B. *downloadbar*. Schwach produktiv ist dagegen beispielsweise das Suffix {-tum}, z. B. *Managertum*. Daneben gibt es synchron unproduktive Suffixe, also solche, die in früheren Sprachstufen produktiv waren, aber heute nicht mehr zur Bildung neuer Wörter genutzt werden: z. B. {-e} wie in *Lache* (von *lachen*), *Schreibe* (von *schreiben*). Weiterhin gibt es Produktivitätsbeschränkungen, etwa was die Wortart einer Basis betrifft (*untrinkbar*, aber: **unschönbar*, da sich {-bar} nur an Verben heftet), oder hinsichtlich der Bildung von Konzepten, wie z. B. bei der

Movierung (Geschlechterableitung) von *Hai* (**Haiin*) oder der Diminutivbildung (Verkleinerungs-/Verniedlichungsbildung) von *Radio* (**Radiochen*).

**Wortart**: Flexionsmorpheme verändern die Wortart, an die sie sich heften, nicht: z. B. *Kind* (Subst.) – *Kinder* (Subst.), während dies bei Derivationsmorphemen durchaus vorkommt: z. B. *schön* (Adj.) – *Schönheit* (Subst.), *essen* (V) – *essbar* (Adj.).

Flexionsmorpheme treten normalerweise nicht an unterschiedliche Wortarten, Derivationsmorpheme schon: z. B. {*-ung*}: *dulden* (V) – *Duldung*, *Stall* (Subst.) – *Stallung*, *nieder* (Adj.) – *Niederung*.

## Zusammenfassung

Flexionsmorpheme sind häufig ausdruckseitig kurz, werden an den Wortstamm geheftet, tragen eher relational-abstrakte Bedeutung, weisen tendenziell hohe Bedeutungskonstanz, Obligatorik, Reihenbildung, Paradigmatizität und Produktivität auf. Sie verändern die Wortart nicht und treten für gewöhnlich nicht an unterschiedliche Wortarten (Ausnahme: homonyme Flexionsmorpheme, vgl. Kap. 1.1).

Derivationsmorpheme dagegen sind ausdrucksseitig meist länger, bilden zusammen mit der Wortwurzel den Stamm, tragen eher begrifflich-lexikalische Bedeutung, weisen tendenziell niedrige Bedeutungskonstanz (häufige Lexikalisierung) und Obligatorik auf. Reihenbildung, Paradigmatizität und Produktivität sind häufig in Abstufungen und mit zahlreichen Ausnahmen vorhanden. Derivationsmorpheme können die Wortart der Wurzel verändern und sich an unterschiedliche Wortarten heften.

## Fragen und Aufgaben

1. *Lehrer*, *Fahrer*, *Verkäufer*, **Kocher*. Im Deutschen gibt es keine Nomen-Agentis-Bildung **Kocher*. Erläutern Sie das zugrunde liegende Phänomen.
2. Das Niederländische hängt das Diminutivsuffix {-je} produktiv an verschiedene Wortarten, z. B. *verstoppertje* (‚Versteck'), *koeltjes* (‚kühl'), *weetje* (von *weten* = ‚wissen'). Diskutieren Sie, ob es sich hierbei um Flexion oder Derivation handelt.
3. Wie lässt sich die Produktivität von Derivationsprozessen ermitteln?

# 7 Morphologischer Wandel

Sprache ist nicht statisch und erreicht nie einen Endzustand. Unsere heutige Sprache ist das Ergebnis von Veränderungsprozessen, die sich über Jahrhunderte hinweg abgespielt haben. Wir teilen die Perioden der Sprachgeschichte grob wie folgt ein:

Althochdeutsch: 750–1050 n. Chr.
Mittelhochdeutsch: 1050–1350 n. Chr.
Frühneuhochdeutsch: 1350–1650 n. Chr.
Neuhochdeutsch: ab 1650 n. Chr.

Für alle Epochen sind Wandelprozesse auf sämtlichen sprachlichen Ebenen (z. B. Graphematik, Phonologie, Semantik, Syntax, Pragmatik etc.) auszumachen, so auch im Bereich der Morphologie (vgl. Nübling et al. 2017). Unter **morphologischem Wandel** sind Veränderungen im Flexions- und Wortbildungssystem des Deutschen zu verstehen, weshalb hier auch von **diachroner Morphologie** gesprochen wird. Sie steht damit im Gegensatz zur synchronen Morphologie, die sich mit Flexion und Wortbildung einer Sprachstufe (z. B. dem Mittelhochdeutschen oder dem Neuhochdeutschen) beschäftigt.

Morphologischer Wandel lässt sich auch als grammatischer Wandel bezeichnen, der die Entstehung und Veränderung grammatischer Einheiten und Strukturen wie etwa die wortartbezogene diachrone Veränderung des Flexions- und Wortbildungssystems umfasst. Solche Veränderungen untersucht die Grammatikalisierungsforschung (vgl. Diewald 1997, Szczepaniak 2011), die hier als eine von vielen

Theorien morphologischen Wandels (vgl. Nübling et al. 2017: 44 ff.) genauer beleuchtet werden soll.

Unter **Grammatikalisierung** versteht man:

1. die Entstehung grammatischer Strukturen aus lexikalischen Einheiten, z. B. Hilfsverben aus Vollverben.

2. die Entwicklung von einem schwächer zu einem stärker grammatikalischen Status von grammatischen Einheiten, z. B. vom markierten Plural zum Nullplural.

Zu 1.: Es wurde im ersten Kapitel bereits darauf hingewiesen, dass wir es in der Morphologie mit freien und gebundenen, lexikalischen und grammatischen Morphemen bzw. Voll- und Funktionswörtern (man spricht auch von Auto- und Synsemantika) zu tun haben. Diese terminologische Unterscheidung ist uns auch hier dienlich, denn grammatische Morpheme entstehen häufig aus lexikalischen Morphemen bzw. Vollwörter grammatikalisieren zu Funktionswörtern, indem sie grammatische Funktion(en) annehmen. Schauen wir uns zur Illustration hierzu das Verb *haben* an. *Haben* tritt in zwei Varianten auf: 1. als Vollverb mit der Bedeutung ‚besitzen, über etwas verfügen' und 2. als Hilfsverb (Auxiliar) zur Bildung der Verbtempora Perfekt und Plusquamperfekt. Das **Hilfsverb** ist aus dem Vollverb grammatikalisiert. Ohne auf die komplexen diachronen Prozesse dieser Entwicklung im Detail eingehen zu können, lassen sich u. a. folgende Besonderheiten für das Hilfsverb *haben* herausstellen (vgl. zu den einzelnen Grammatikalisierungsparametern Lehmann 1985: 306):

**Desemantisierung/Entkonkretisierung**: Die (konkrete) Bedeutung des Vollverbs ist verblasst, d. h. das Hilfsverb muss als semantisch entleert betrachtet werden. Allerdings tritt zu der inhaltlichen keine ausdrucksseitige Reduzierung hinzu, da das Hilfsverb phonetisch-phonologisch genau wie das Vollverb realisiert wird.

**Paradigmatizität**: Das Hilfsverb übernimmt eine feste grammatische Funktion und bildet so, neben *sein*, zusammen mit dem Partizip II die Tempusform des Perfekts und Plusquamperfekts. In dieses grammatische Paradigma ist *haben* relativ stabil eingebunden, denn viele Verben bilden ihr Perfekt und Plusquamperfekt damit obligatorisch. Letzteres verringert also die **paradigmatische Variabilität** von *haben* als Hilfsverb, d. h. es stellt einen obligatorischen Tempusmarker einiger Verben dar.

**Syntagmatische Variabilität/Skopus:** Die syntagmatische Variabilität, also die freie Verschiebbarkeit im Satz, ist bei *haben* als Hilfsverb eingeschränkt, da es nicht allein vorkommt, sondern mit der Partizip II-Form eines Vollverbs eine **Verbalklammer** bildet. Sie besetzen die linke und rechte Satzklammer und ‚umklammern' somit das Mittelfeld (*Peter hat den schönen Rasen morgens um halb vier gemäht.*). Damit ist auch der Skopus, d. h. die Reichweite von *haben*, eingeschränkt, denn es bezieht sich lediglich auf das Verb im Partizip II.

Analog lassen sich unzählige flexivische Grammatikalisierungsprozesse und -grade diachron sowie synchron beschreiben. Hierzu gehören etwa die Herausbildung des Dentalsuffixes {-te} aus dem Verb *tun* zur Bildung des Präteritums schwacher Verben, die Herausbildung des Futurmarkers *werden* aus dem Vollverb, das *bekommen/kriegen*-Passiv aus den gleichlautenden Vollverben, die Herausbildung komplexer Präpositionen wie *im Vorfeld*, *am Rande* mit temporaler Bedeutung aus den gleichlautenden Präposition-Substantiv-Verbindungen mit lokaler Bedeutung u. v. m.

Auch in der Wortbildung, besonders der historischen (vgl. Müller 2015 b), spielt Grammatikalisierung eine große Rolle, beispielsweise, wenn sich freie Morpheme oder Kompositionsglieder zu Derivationsaffixen entwickeln. So sind die Suffixe {-bar} (*essbar*), {-lich} (*kränklich*), {-heit} (*Schönheit*), {-tum} (*Reichtum*) oder {-schaft} (*Freundschaft*) aus den freien Lexemen ahd. *bāri* (‚tragend'), *līh* (‚Körper'), *heit* (‚Person, Geschlecht'), *tuom* (‚Urteil, Macht') und *scaf* (‚Geschöpf, Beschaffenheit') hervorgegangen. Die freien Lexeme existieren im Neuhochdeutschen nicht mehr, weshalb die jeweiligen Grammatikalisierungsprozesse in früheren Sprachstufen zu rekonstruieren sind. Dennoch lassen sich auch gegenwärtig Grammatikalisierungsprozesse bei Einheiten beobachten, die wir in Kapitel 5.2.2 schon als **Affixoide** kennengelernt haben. Sie sind folgendermaßen zu charakterisieren:

- **Desemantisierung/Entkonkretisierung**:

Alle Affixoide weisen semantische Veränderungen auf, d. h. die lexikalisch-begriffliche Ursprungsbedeutung ihrer freien Pendants scheint deutlich entkonkretisiert. So dienen die Präfixoide meist allgemein der Steigerung/Hervorhebung des mit dem Zweitglied ausgedrückten Inhalts, während die Suffixoide häufig Kategorien wie Kollektiva ({-werk}, {-wesen}) bilden. Diese semantische Veränderung geschieht allerdings nicht abrupt, sondern vollzieht sich erst allmählich, geprägt von unterschiedlichen metonymischen und metaphorischen Prozessen. Gerade bei den Suffixoiden sind die metaphorischen Verbindungen zum Ursprungslexem häufig deutlich erkennbar und es wurde oben bereits angedeutet, dass ihr separater Status deshalb fragwürdig erscheint.

Auf formaler, d. h. phonetisch-phonologischer Ebene sind die Affixoide vollkommen intakt, d. h. auch hier finden wir – wie beim *haben*-Auxiliar – keine ausdrucksseitige Reduktion vor.

- **Paradigmatizität**:

Vor allem die Präfixoide lassen sich in ein mehr oder weniger stabiles Paradigma, nämlich das der Steigerungsbildungen (speziell: Elativ), einordnen (vgl. Elsen 2014: 77). Allerdings ist die **paradigmatische Variabilität** hier größer als bei vielen flexivischen Grammatikalisierungsprozessen, was u. a. daran erkennbar ist, dass viele Affixoide austauschbar sind: *Bombenstimmung*, *Riesenstimmung*, *Megastimmung*, *Granatenstimmung* etc.

- **Syntagmatische Variabilität/Skopus:**

Die syntagmatische Variabilität der Affixoide ist im Vergleich zu ihren freien Pendants stark eingeschränkt, da sie in ihrer veränderten Bedeutung/Funktion nur gebunden vorkommen und somit entweder als Erstglied (Präfixoid) oder als Zweitglied (Suffixoid) fungieren.

Somit wird deutlich, dass sich einige der in Kapitel 6 beschriebenen Unterschiede zwischen Flexion und Derivation (z. B. Obligatorik, Paradigmatizität) auch bei den unterschiedlichen Grammatikalisierungsprozessen niederschlagen.

Zu 2.: Die Entwicklung von schwächer zu stärker grammatikalisierten Einheiten lässt sich am ehesten anhand der

Verlaufsstadien der so genannten **Grammatikalisierungsskala** festmachen. Diese sieht u.a. folgende Stadien gegen Ende der Skala vor: Modulation – Null – Subtraktion. D.h. nach der Modulation, bei der grammatische Funktion in Form von Umlaut ausgedrückt wird, folgt die Nullmarkierung, also die Aufhebung der formseitigen grammatischen Markierung. Der letzte Schritt besteht darin, dass grammatische Information durch Subtraktion, also ausdrucksseitige Kürzung, ausgedrückt wird, was einem wichtigen natürlichen Morphologieprinzip zuwiderläuft, das besagt, dass Inhalt stets nach Ausdruck verlangt.

Fortschreitende Grammatikalisierung geht also mit fortschreitender ausdrucksseitiger Reduktion einher. Sehr eindrücklich zeigt sich dies flexionsmorphologisch etwa bei der Pluralmarkierung in Dialekten. Wie Girnth (2000: 187 f.) für Teile des westmitteldeutschen Untersuchungsgebiets (Moselfränkisch und Rheinfränkisch) nachweist, dominiert in einigen Gebieten der modifikatorische und der Nulltyp gegenüber dem additiven Typ. So heißt der Plural von *Hund* vielfach nicht *Hunde* [hʊndə], sondern [hʊnt] mit Nullplural, oder [hʊn], also subtraktiv. Ähnlich sieht es für *Schuhe* [ʃo:] sowie für *Tage* [da:x], [da:] aus.

Auch für die fortschreitende Grammatikalisierung von Derivationsmorphemen lassen sich Entwicklungsphasen bestimmen, was für das Suffix *-bar* knapp dargelegt werden soll (vgl. Nübling et al. 2017: 77 f.): Bis ins Mhd. heftet sich {-bære} an nominale und dann zunehmend an verbale Basen, bis im Frnhd. nur noch verbale Basen in Betracht kommen. Gleichzeitig tritt eine ausdrucksseitige Reduktion ein, denn das auslautende *e* wird apokopiert (entfällt) und *æ* zu *a* reduziert. Gleichzeitig erfolgt eine Desemantisierung/Entkonkretisierung, denn die Bedeutung ‚kann x-en' geht verloren und es bleibt die Bedeutung ‚kann ge-x-t werden' übrig. Ausdrucks- und inhaltsseitige Reduktion sind hier somit typische Charakteristika der zunehmenden Grammatikalisierung des Suffixes.

## Zusammenfassung

In diesem Kapitel haben wir uns mit Prinzipien der Herausbildung und Veränderung grammatischer Strukturen beschäftigt. Diese beschreibt die Grammatikalisierungsforschung entweder als Übergang von Lexemen zu Grammemen oder als Übergang von schwächer zu stärker grammatikalisierten Einheiten. Parameter für eine Zunahme an Grammatikalisierung sind prototypischerweise eine ausdrucks- und inhaltsseitige Reduktion, die Verringerung der paradigmatischen und syntagmatischen Variabilität und damit eine erhöhte Obligatorik und Paradigmatizität. Allerdings ist zu beachten, dass es hier zahlreiche Abstufungen gibt, beispielsweise tritt semantische Reduktion häufiger auf als ausdrucksseitige.

Grammatikalisierungsprozesse finden laufend statt, sowohl bei Flexions- als auch bei Derivationsmorphemen, und sind ein Beweis dafür, dass es sich bei Morphologie um ein hoch dynamisches linguistisches Teilgebiet handelt, dessen Räder niemals stillstehen.

**Fragen und Aufgaben**

1. Erläutern Sie, was man unter Grammatikalisierung versteht.
2. Bestimmen Sie den Grammatikalisierungsstatus des Futur-Auxiliars *werden*.

3. Weshalb handelt es sich bei {Höllen-} in *Höllenangst*, *Höllenschmerzen* etc. um ein Affixoid? Inwiefern liegt hier ein Grammatikalisierungsprozess vor?

# Abkürzungsverzeichnis

| | |
|---|---|
| Adj. | Adjektiv |
| Adv. | Adverb |
| Ahd. | Althochdeutsch |
| Artikelw. | Artikelwörter |
| Frnhd. | Frühneuhochdeutsch |
| Fu. | Fugenelement |
| Gen. | Genitiv |
| Konj. | Konjunktion |
| Mhd. | Mittelhochdeutsch |
| N | Nomen |
| Part. | Partikel |
| Pl. | Plural |
| Präp. | Präposition |
| Pron. | Pronomen |
| Subst. | Substantiv |
| Sx | Suffix |
| V | Verb |

# Literaturverzeichnis


Boettcher, Wolfgang (2009): Grammatik verstehen. Band 1. Wort. Tübingen: Niemeyer.

Diewald, Gabriele (1997): Grammatikalisierung. Eine Einführung in Sein und Werden grammatischer Formen. Tübingen: Niemeyer (= Germanistische Arbeitshefte 36).

Donalies, Elke (2011): Basiswissen Deutsche Wortbildung. 2. Auflage. Tübingen/Basel: Francke.

Dressler, Wolfgang U. (1989): Prototypical Differences between Inflection and Derivation. In: Zeitschrift für Phonetik, Sprachwissenschaft und Kommunikationsforschung (ZPSK), 1/42, 3 – 10.

Dressler, Wolfgang U. (1996): On the similarities and differences between inflectional and derivational morphology. In: Sprachtypologische Universalienforschung (STUF), 3/49, 267 – 279.

Duden. Die Grammatik. Unentbehrlich für richtiges Deutsch. (2016). Herausgegeben von Angelika Wöllstein und der Dudenredaktion. 9., vollständig überarbeitete und aktualisierte Auflage. Berlin: Dudenverlag.

Eichinger, Ludwig M. (2000): Deutsche Wortbildung. Eine Einführung. Tübingen: Narr.

Eisenberg, Peter (2013): Grundriss der deutschen Grammatik. Band 1: Das Wort. 4. Auflage. Stuttgart: J. B. Metzler.

Elsen, Hilke (2009): Affixoide. Nur was benannt wird, kann auch verstanden werden. In: Deutsche Sprache 4.37, 316 – 333.

Elsen, Hilke (2011): Neologismen. Formen und Funktionen neuer Wörter in verschiedenen Varietäten des Deutschen. 2., überarbeitete Auflage. Tübingen: Narr (= TBL 477).

Elsen, Hilke (2014): Grundzüge der Morphologie des Deutschen. 2., aktualisierte Auflage. Berlin/Boston: de Gruyter.

Elsen, Hilke/Michel, Sascha (2009): Beispiel Wortbildung. In: Zeitschrift für Sprachwissenschaft, 163 – 168.

Elsen, Hilke/Michel, Sascha (2010): Wortbildung in Sprechstundengesprächen an der Hochschule. In: Hinrichs, Nina/Limburg, Annika (Hgg.): Gedankenstriche – Reflexionen über Sprache als Ressource. Festschrift für Wolfgang Boettcher zum 65. Geburtstag. Tübingen: Stauffenburg, 33–45.

Elsen, Hilke/Michel, Sascha (2011) (Hgg.): Wortbildung zwischen Sprachsystem und Sprachgebrauch. Perspektiven – Analysen – Anwendungen. Stuttgart: ibidem (= PGL 5).

Erben, Johannes (2006): Einführung in die deutsche Wortbildungslehre. 5. Auflage. Berlin: Erich Schmidt.

Féry, Caroline (1997): Uni und Studis: Die besten Wörter des Deutschen. In: Linguistische Berichte 172, 461–489.

Fleischer, Wolfgang/Barz, Irmhild (2012): Wortbildung der deutschen Gegenwartssprache. 4., völlig neu bearbeitete Auflage. Berlin/Boston: de Gruyter.

Fuhrhop, Nanna (1998): Grenzfälle morphologischer Einheiten. Tübingen: Stauffenburg.

Fuß, Eric/Geipel, Maria (2018): Das Wort. Tübingen: Narr (= LinguS 1).

Gersbach, Bernhard/Graf, Rainer (1984/1985): Wortbildung in gesprochener Sprache. Bände 1 und 2. Tübingen: Niemeyer.

Girnth, Heiko (2000): Untersuchungen zur Theorie der Grammatikalisierung am Beispiel des Westmitteldeutschen. Tübingen: Niemeyer (= RGL 223).

Greule, Albrecht (2017): Vom Satz zum Text. Tübingen: Narr (= narr Starter).

Grice, Herbert Paul (1993): Logik und Konversation. In: Meggle, Georg (Hg.): Handlung, Kommunikation, Bedeutung. Frankfurt am Main: Suhrkamp, 243–265.

Hein, Katrin (2015): Phrasenkomposita im Deutschen. Empirische Untersuchung und konstruktionsgrammatische Modellierung. Tübingen: Narr (= Studien zur Deutschen Sprache 67).

Hentschel, Elke/Weydt, Harald (2013): Handbuch der deutschen Grammatik. 4., vollständig überarbeitete Auflage. Berlin/Boston: de Gruyter (= de Gruyter Studium).

Henzen, Walter (1965): Deutsche Wortbildung. 3., durchgesehene und ergänzte Auflage. Tübingen: Niemeyer.

Heringer, Hans Jürgen (1984): Wortbildung: Sinn aus dem Chaos. In: Deutsche Sprache 12, 1–13.

Heringer, Hans Jürgen (2009): Morphologie. Paderborn: W. Fink (= UTB 3204).

Imo, Wolfgang (2016): Grammatik. Eine Einführung. Stuttgart: J. B. Metzler.

Klosa, Annette (2013) (Hg.): Wortbildung im elektronischen Wörterbuch. Tübingen: Narr (= Studien zur Deutschen Sprache 63).

Lehmann, Christian (1985): Grammaticalization: Synchronic variation and diachronic change. In: Lingua e Stile, 20, 303–318.

Leser, Martin (1990): Das Problem der ‚Zusammenbildungen'. Eine lexikalistische Studie. Trier: WVT Wissenschaftlicher Verlag.

Meibauer, Jörg (2015): Lexikon und Morphologie. In: Meibauer, Jörg et al.: Einführung in die germanistische Linguistik. 3., überarbeitete und aktualisierte Auflage. Stuttgart/Weimar: J. B. Metzler, 15–70.

Michel, Sascha (2006): Kurzwortgebrauch. Plädoyer für eine pragmatische Definition und Prototypologie von Kurzwörtern. In: Germanistische Mitteilungen 64/2006, 69–83.

Michel, Sascha (2009 a): *Schaden-0-ersatz* vs. *Schaden-s-ersatz*. Ein Erklärungsansatz synchroner Schwankungsfälle bei der Fugenbildung von N+N-Komposita. In: Deutsche Sprache 3/09, 334–351.

Michel, Sascha (2009 b): Das Konfix zwischen ‚Langue' und ‚Parole'. – Ansätze zu einer sprachgebrauchsbezogenen Definition und Typologie. In: Müller, Peter O. (Hg.): Studien zur Fremdwortbildung. Hildesheim et al.: Olms, 91–140.

Michel, Sascha (2013): Affixoide revisited. Zum konstruktionsgrammatischen Status von Prä- und Suffixoiden. In: Born, Joachim/Pöckl, Wolfgang (Hgg.): „Wenn die Ränder ins Zentrum drängen…" Außenseiter in der Wortbildung(sforschung). Berlin: Frank & Timme, 213–239.

Michel, Sascha (2014): Konstruktionsgrammatik und Wortbildung: Theoretische Reflexionen und praktische Anwendungen am Beispiel der Verschmelzung von Konstruktionen. In: Lasch, Alexander/Ziem, Alexander (Hgg.): Grammatik als Inventar von Konstruktionen? Berlin/New York: de Gruyter, 139–156 (= Sprache und Wissen 15).

Michel, Sascha/Tóth, Jozsef (2014) (Hgg.): Wortbildungssemantik zwischen Langue und Parole. Semantische Produktions- und Verarbeitungsprozesse komplexer Wörter. Stuttgart: ibidem (= PGL 10).

Motsch, Wolfgang (2004): Deutsche Wortbildung in Grundzügen. 2. Auflage. Berlin/New York: de Gruyter.

Müller, Peter O. (2015 a): Foreign word-formation in German. In: Müller, Peter O./Ohnheiser, Ingeborg/Olsen, Susan/Rainer, Franz (Hgg.): Word-Formation. An International Handbook of the Languages of Europe. Vol. 3. Berlin/Boston: de Gruyter, 1615–1637 (= Handbooks of Linguistics and Communication Science 40.3).

Müller, Peter O. (2015 b): Historical word-formation in German. In: Müller, Peter O./Ohnheiser, Ingeborg/Olsen, Susan/Rainer, Franz (Hgg.): Word-Formation. An International Handbook of the Languages of Europe. Vol. 3. Berlin/Boston: de Gruyter, 1867–1914 (= Handbooks of Linguistics and Communication Science 40.3).

Nübling, Damaris (2002): Wörter beugen. Grundzüge der Flexionsmorphologie. In: Dittmann, Jürgen/Schmidt, Claudia (Hgg.): Über Wörter. Grundkurs Linguistik. Freiburg: Rombach Verlag, 87–104.

Nübling, Damaris/Szczepaniak, Renata (2009): *Religion+s+freiheit*, *Stabilität+s+pakt* und *Subjekt(+s+)pronomen*: Fugenelemente als Marker phonologischer Wortgrenzen. In: Müller, Peter O. (Hg.): Studien zur Fremdwortbildung. Hildesheim et al.: Olms, 195–222.

Nübling, Damaris/Dammel, Antje/Duke, Janet/Szczepaniak, Renata (2017): Historische Sprachwissenschaft des Deutschen. Eine Einführung in die Prinzipien des Sprachwandels. 5., aktualisierte Auflage. Tübingen: Narr (= narr Studienbücher).

Onysko, Alexander/Michel, Sascha (2010) (Hgg.): Cognitive Perspectives on Word-Formation. Berlin/New York: de Gruyter.

Saussure de, Ferdinand (1967): Grundfragen der allgemeinen Sprachwissenschaft. Hrsg. v. Charles Bally und Albert Séchehaye unter Mitwirkung von Albert Riedlinger, übersetzt von Hermann Lommel. 2. Auflage mit neuem Register und einem Nachwort von Peter von Polenz. Berlin: de Gruyter.

Simmler, Franz (1998): Morphologie des Deutschen. Flexions- und Wortbildungsmorphologie. Berlin: Weidler Buchverlag.

Stumpf, Sören (2018): Textsortenorientierte Wortbildungsforschung. Desiderate, Perspektiven und Beispielanalysen. In: Zeitschrift für Wortbildung/Journal of Word Formation 2, 165–194.

Szczepaniak, Renata (2011): Grammatikalisierung im Deutschen. Eine Einführung. 2., überarbeitete und erweiterte Auflage. Tübingen: Narr (= narr Studienbücher).

Thieroff, Rolf/Vogel, Petra (2009): Flexion. Heidelberg: Universitätsverlag Winter.

Vogel, Ralf/Sahel, Said (2013): Einführung in die Morphologie des Deutschen. Darmstadt: wbg.

# Sachregister